FAISEURS DE SECRETS
ET DONS DE GUÉRISON

Fabienne Derivaz et Françoise Clerc

FAISEURS DE SECRETS ET DONS DE GUÉRISON

Comment ça marche ?

FAVRE

Éditions Favre SA
Siège social
29, rue de Bourg – CH – 1002 Lausanne
Tél. : (+41) 21 312 17 17 – Fax : (+41) 21 320 50 59
lausanne@editionsfavre.com
www.editionsfavre.com

Adresse à Paris
7, rue des Canettes – F- 75006 Paris

Dépôt légal en novembre 2014

ISBN : 978-2-8289-1483-7

Dessins : © Joël Schopfer (GuéGuèl)

Photographie de couverture : © Charles Niklaus / Déclic Photographie Monthey

Couverture : Catherine Duval, Dynamic 19

Relecture et mise en page : Vanahé Antille / Paula Cantero

À tous ceux qui nous guident si bien

TABLE DES MATIÈRES

PRÉFACE
Magali Jenny.....15

INTRODUCTION.....21

LES SECRETS.....23
- La transmission.....28
- La gratuité.....32
- La vision du monde médical.....34
- Pourquoi est-ce si secret ?.....36
- Quelques secrets.....38
- Créer ses propres secrets.....42
- Témoignages.....48

LES DONS.....51
- Pourquoi faire appel aux guérisseurs.....60
- Pourquoi certaines personnes ne guérissent pas.....66
- Est-ce que tout le monde peut être guérisseur ?.....67

Comment se protéger et pourquoi 71
La rémunération 75
Le chemin d'éveil 76
Témoignages 85

LE MAGNÉTISME 87
Le magnétisme de guérison 91
Le magnétisme humain 95
Le magnétisme spirituel ou transe-guérison 99
Le magnétisme à distance 102
Le magnétisme terrestre 103
Témoignages 106

LES NETTOYAGES ÉNERGÉTIQUES DE LIEUX DE VIE 109
La géobiologie 111
Les perturbations des champs électriques ou électromagnétiques 115
La mémoire des lieux de vie 116
La mémoire de la terre 116
Les égrégores 117
Les encombrements du passé 119
Les âmes et les entités 119
Dans la pratique 119
Diverses situations 123
Témoignages 127

CHEMIN DE VIE : FRANÇOISE 131

CHEMIN DE VIE : FABIENNE 135

POURQUOI À DEUX....139
La complémentarité en séance....148
Ce lien qui dérange....151
Ateliers et stages....153
Les côtés négatifs de ce métier....154
Les côtés positifs de ce métier....156

EXERCICES....159
Exercices de découverte de l'énergie....159
Tests de magnétisme....163

REMERCIEMENTS....167

PRÉFACE

C'est en 2004 que j'ai, pour la première fois, « chaussé mes lunettes » d'ethnologue afin de m'intéresser au monde des « guérisseurs » en Suisse romande. Fascinée par ces gens qui mettent à disposition leur « don » pour venir en aide à celles et ceux qui souffrent dans leur corps et dans leur âme, j'ai d'abord été surprise de découvrir que les termes spécifiques de « rebouteux », « magnétiseur » ou « faiseur de secret » étaient préférés à celui générique de « guérisseurs ». La raison en est simple : aucun d'entre eux n'a la prétention de « guérir » et, quand bien même survient une rémission complète, le succès est attribué à une force supérieure (quel que soit son nom) agissant à travers celles et ceux qui ont le talent de capter et transmettre des énergies ou des messages en provenance d'un Tout, dont l'être humain est partie intégrante.

C'est encore une fois par la lorgnette académique, non dénuée d'ouverture d'esprit et d'empathie, que j'ai rencontré ces femmes et ces hommes, le temps d'un entretien, sur la base duquel j'ai ensuite tenté, avec mes propres mots, de tracer leurs portraits, le plus fidèlement possible. Leurs propos, leurs visions des choses, leurs ressentis ainsi que des pistes historiques et des ébauches d'explications ont fait l'objet de deux livres.

Lors de la préparation et la rédaction du second, j'ai fait la connaissance de Fabienne et Françoise. Plus de deux heures durant, elles ont répondu avec bienveillance et sérieux à mes nombreuses questions. C'était la première fois que je me trouvais face à des guérisseuses travaillant en binôme. Habituée à entendre des récits à ne pas «mettre dans toutes les oreilles», situés bien au-delà de la compréhension scientifique du phénomène, j'ai découvert, une fois de plus, à travers l'histoire de ces «jumelles d'âme», que je n'avais pas encore exploré toutes les possibilités de ce monde particulier.

En raison de ma sacro-sainte «distance scientifique» et surtout de mon absence de don en matière thérapeutique, je n'ai pu que proposer une vision extérieure de ce que vivent et éprouvent les «guérisseurs» dans leur pratique. Si j'étais en mesure d'analyser leur discours et d'en faire ressortir les traits principaux, je n'ai jamais pu me mettre dans la peau de l'un d'eux afin de ressentir, de l'intérieur, les perceptions physiques, la communication avec l'Autre ou le bien-être que certains décrivent lorsqu'ils prodiguent des soins... J'ai dû me contenter d'observer depuis le rivage et d'écouter les histoires de celles et ceux qui étaient allés «ailleurs». Impossible donc de transmettre aux lecteurs l'intimité de ces individus aux facultés peu communes.

Quand on m'a demandé, à de nombreuses reprises, des conseils «pour aller mieux», je n'ai pas eu d'autre choix que de donner les noms et numéros de téléphone de personnes «sachant y faire». La même situation s'est reproduite quand j'ai rencontré des femmes et des hommes, parfois effrayés, souvent démunis, qui constataient que ce qu'ils avaient ressenti, depuis leur enfance ou quelques années seulement, et considéré comme étrange, se révélait être un «don» de guérisseur. Leurs questions étaient toujours les mêmes: «Que faire avec ces facultés? Qui pourrait me dire comment procéder pour utiliser au mieux ce talent et cette énergie sans risque de nuire?» Je dois avouer avoir été encore plus déconcertée que celles et ceux qui se tournaient vers moi dans l'espoir de comprendre. Je me trouvais dans l'impossibilité de les aider et, dans le cas présent, je n'avais même pas un nom ou une adresse à leur fournir, puisque aucun des guérisseurs rencontrés ne m'avait jamais fait savoir qu'il était prêt à former des «guérisseurs en herbe».

C'est pour toutes ces raisons que j'ai salué l'initiative de Françoise et Fabienne d'écrire un livre sur leurs expériences personnelles, leur ressenti, leurs explications et leur histoire commune. Cet ouvrage ne s'arrête pas là, puisqu'il aborde des thèmes fondamentaux de la médecine populaire romande: la tradition des «secrets», la définition du «don», l'utilisation du magnétisme dans les soins et la pratique des nettoyages énergétiques de lieux de vie. Les auteurs bravant le «qu'en-dira-t-on» ont eu l'honnêteté de présenter leur vision des choses en toute simplicité, comme on discute de la pluie et du beau temps en buvant un café avec des amis. Dans un langage compréhensible, miroir de leurs personnalités, Fabienne et Françoise ont décidé de parler de «choses» qui déconcertent, qui font peur, qui éveillent les soupçons et qui sont encore rejetées par une large partie de la communauté scientifique et des médecins (même si ces derniers sont de plus en plus nombreux à témoigner en faveur des thérapies populaires).

Ainsi elles abordent des thèmes, quelquefois proches du tabou, tels que : le secret des « secrets », la gratuité, l'impossibilité pour certains de recouvrer la santé, la dépendance affective et énergétique qui pourrait s'installer, les différentes manières dont les guérisseurs devraient se protéger, le magnétisme spirituel, la mémoire de la terre, les « égrégores », les encombrements du passé, les âmes et les entités, les côtés négatifs et positifs du métier, ainsi que le lien étrange et parfois dérangeant unissant Fabienne à Françoise et Françoise à Fabienne.

Elles auraient pu s'arrêter là, mais elles en ont décidé autrement. Elles ouvrent grand la fenêtre de leur cœur et la porte de leur vie pour permettre au lecteur de plonger dans cet univers mystérieux et confidentiel et de s'attarder quelques instants à l'intérieur du monde des guérisseurs. C'est cette perspective intime, jalonnée de témoignages de consultants et de médecins que je tiens à souligner ici. En effet, qui peut, mieux qu'une personne concernée, parler d'une expérience ou d'un ressenti ? Certainement pas l'ethnologue que je suis, qui atteint rapidement la limite d'un seuil qu'elle ne pourra franchir.

En outre, ceux qui s'interrogent quant au don qu'ils posséderaient ou non trouveront dans cet ouvrage des exercices permettant de découvrir et de percevoir l'énergie curative, des tests de magnétisme, ainsi qu'une liste d'ateliers et de stages qui, je l'espère, apporteront les réponses tant attendues à leurs questions existentielles tout en évinçant les peurs et les doutes. Les lecteurs plus aventuriers pourront satisfaire leur curiosité en apprenant le contenu de quelques secrets et la manière de procéder pour créer leurs propres formules...

Le tout premier texte que j'ai écrit au sujet des guérisseurs dans le canton de Fribourg avait pour titre « L'important, c'est que ça marche ». Dix ans plus tard, dans un ouvrage intitulé « Faiseurs de secrets et dons de guérison : comment ça marche ? », Françoise et Fabienne parlent de leurs expériences, de leur quotidien et tentent d'expliquer, de l'intérieur, ce que sont les secrets, le don, le magnétisme, en donnant accès à d'autres informations utiles. Il était grand temps...

Aux lecteurs intéressés par ces pratiques ainsi qu'aux potentiels guérisseurs en quête de réponses, je souhaite une belle rencontre avec Fabienne et Françoise et une magnifique visite de ce monde mystérieux, en compagnie de ces deux guides passionnantes et passionnées.

Bonne lecture !

Magali Jenny

INTRODUCTION

Nous pensions bien naïvement avoir atteint notre maximum en termes d'essor professionnel, sachant que nous avions déjà eu la chance d'ouvrir un atelier de guérison, de donner des conférences, d'animer des stages et des soirées de développement spirituel ainsi que de témoigner à la radio. Loin de nous l'idée d'imaginer ce qui se préparait pour nous dans un avenir très proche. Après plusieurs signes prémonitoires l'écriture de ce livre devenait inexorable.

Mais comment écrire un livre sans être écrivain? Écrire un livre sur notre parcours n'est-il pas prétentieux? Comment doit-on s'y prendre? Par quoi commencer?

Des questions qui restaient sans réponses malgré l'évidence que nous devions le faire. Nous avons eu confiance une fois de plus et nous nous sommes lancées, munies d'un petit carnet à spirales et d'un crayon. Les mots puis les phrases se sont couchés sur le papier de manière quasi naturelle.

Comme vous allez vous en rendre compte, l'écriture n'est pas notre métier. Nous demandons donc toute votre indulgence pour le travail que nous avons tenté de faire ici.

Ce livre s'adresse aux personnes qui ressentent depuis toujours qu'il y a quelque chose derrière le voile et qui sont en recherche d'explications sur des sensations, des ressentis ou des visions. Nous allons tenter de répondre ici, au plus près de notre conscience et de notre savoir, aux diverses questions soulevées lors de nos conférences. Bien entendu, nous ne le ferons qu'en fonction de notre expérience personnelle, simplement parce que c'est notre cheminement, notre vécu. Il est évidemment différent pour chaque guérisseur.

Il s'adresse également à celles et ceux qui découvrent ce monde des guérisseurs et qui se demandent simplement « comment ça marche » !

Si cet ouvrage est entre vos mains, c'est que le sujet vous interpelle et nous espérons qu'il éclairera votre chemin de découverte.

LES SECRETS

Le secret est une formule, une prière qui sert à soulager ou à soigner différents maux de manière spécifique. Les plus courants sont ceux pour barrer le feu, arrêter les saignements et éliminer les verrues. Il en existe d'autres contre les dartres, allergies, angines, aphtes, entorses, névralgies, migraines et bien plus encore. Il y a aussi des prières universelles qui sont utilisées dans les cas moins spécifiques et servent à l'état général d'une personne.

Pour pouvoir pratiquer les secrets, nous avons besoin, dans notre cas, du prénom, de la date de naissance complète et du lieu d'habitation de la personne. Ces informations vont nous servir à nous concentrer sur elle et ensuite nous faisons notre prière. Certains guérisseurs demandent une photo, elle n'apporte rien en elle-même, si ce n'est qu'elle facilite la visualisation.

Il faut avoir envie d'aider, de soulager, de soigner. C'est par l'intention que le processus s'enclenche.

On nous pose souvent cette question : « Ça va marcher quand même si je ne suis pas à la maison en ce moment ? » Oui ! Bien entendu, vous continuez à vivre normalement. Les informations demandées ne nous servent qu'à visualiser la personne. Cela marche aussi très bien sur les longues distances. Que vous soyez en Suisse ou au Brésil, le résultat est le même.

Quand cela est possible, il vaut mieux que ce soit la personne elle-même qui nous téléphone. En effet, le son de sa voix, sa vibration, nous permet souvent de recevoir les premières informations ou flashes et parfois même de ressentir des maux physiques. Tout cela nous sert à mettre en place une situation idéale pour travailler. Il y a aussi le fait que lorsqu'une personne appelle elle-même, elle s'implique par sa démarche. Cela est très important. Schématiquement, chacun doit remplir sa part du contrat. Il en va de même quand on décide de faire du sport. Ça ne nous viendrait pas à l'idée d'envoyer quelqu'un pédaler pour nous ! Où alors de déposer nos muscles à l'entrée du fitness en disant : « Je passe les reprendre dans une heure quand ils auront bien travaillé ! »

Et pourtant, combien de femmes téléphonent pour leur mari alors qu'il est à côté d'elles. Il arrive même parfois que des secrétaires appellent pour leur patron ! Cela ne veut pas dire que nous ne pouvons pas aider un enfant ou une personne sous narcose ou un animal. Nous le faisons aussi et ça fonctionne tout aussi bien. Il en va de même pour quelqu'un qui ne croit pas aux secrets ou qui ignore que l'on nous a demandé de travailler sur lui, mais nous pensons que chacun a le libre arbitre et doit pouvoir décider de nous appeler ou pas.

Nous faisons une mixité entre les dons et les secrets afin de pouvoir aider au mieux. Nous sommes bien conscientes que la personne qui appelle pour une verrue peut être surprise par le fait qu'on lui dise qu'elle n'a pas fait le deuil de sa mère. Mais nous avons accepté le fait que si nous avons accès à cette information, c'est que nous devons en parler à la personne concernée. Ce n'est pas nous qui décidons si elle est prête à l'entendre ou pas. Et bien sûr, elle a toujours son libre arbitre. De la même manière ce n'est pas nous qui décidons si la personne va pouvoir être guérie ou non. Il y a des données que nous ne maîtrisons pas.

Pour pratiquer les secrets, il faut savoir manier ces deux puissances qui sont la foi et la prière. C'est surtout faire don de soi, avoir de l'empathie, une réelle envie d'aider, travailler avec son cœur et offrir beaucoup de son temps.

Il y a les demandes qui sont urgentes, où il faut cesser immédiatement l'activité qui vous occupait. Il y a aussi celles qui nécessitent un travail quotidien et cela pendant plusieurs semaines d'affilée. Par exemple lors de rayons contre le cancer, nous faisons le secret des brûlures tous les jours et cela jusqu'à la fin du traitement. D'ailleurs, on nous demande régulièrement : « Pouvez-vous guérir le cancer ? » Nous n'avons pas cette prétention ! Soulager, contribuer, redynamiser l'état général lors de chimiothérapies, oui, mais en aucun cas nous ne prétendons guérir le cancer.

Petite mise en garde à ce sujet : si un guérisseur vous répond oui à cette question et vous dit d'arrêter votre traitement médical sans l'avis d'un médecin :

partez en courant ! Nous reviendrons plus loin, avec un peu plus de précisions, sur la cohabitation entre les faiseurs de secrets et le corps médical.

Voici quelques petites anecdotes qui démontrent que les demandes pour les secrets peuvent être très diverses et variées :

- « Bonjour, j'appelle de France, j'ai besoin de vous pour le secret et c'est un peu délicat... Je souffre depuis des années et je ne veux pas avoir recours à la chirurgie, vous êtes mon dernier espoir ! Serait-il possible de me faire le secret pour une réduction mammaire à distance ? »

- « Bonjour, pourriez-vous me faire le secret cet après-midi car je dois aller garder ma petite-fille et je suis bien trop nerveuse et stressée pour pouvoir y aller ? » Et le lendemain : « Bonjour, vous avez beaucoup trop fait hier après-midi. Je n'ai pas pu aller garder ma petite fille car j'ai dormi tout l'après-midi ! »

- Plus drôle avec : « Bonjour, je me suis coupée. » Où ? « Dans la cuisine ! »

- Plus léger avec cette maman qui téléphone parce que son fils a fait la fête la veille et que ce matin il a la gueule de bois !

- Il y a aussi les hypocondriaques qui appellent pour tout et pour rien, ou pour vous dire que leurs selles ne sont pas de la même consistance que la veille et que ça les inquiète !

Pas toujours facile de ne pas rire ou de faire comprendre avec respect que certaines souffrances ne sont pas de notre ressort, même avec la meilleure volonté du monde !

Nous constatons que sur nous-mêmes et sur nos proches, il est difficile de travailler. Nous supposons que l'affectif entre en ligne de compte et que cela fausse nos capacités. Avoir la parfaite implication qui est nécessaire n'est pas possible avec nos familles.

On nous prête parfois des pouvoirs que nous n'avons pas, comme quand la personne est étonnée de devoir donner son prénom. « Vous n'arrivez même pas à le savoir ? » Eh bien non ! Nous ne sommes pas des voyantes, nous aurions depuis longtemps décroché les six bons numéros du loto !

Nous pensons souvent aux guérisseurs d'antan, chez qui on frappait ou téléphonait à n'importe quelle heure. Heureusement, maintenant il est possible de couper les portables quand nous ne sommes pas disponibles. Eh oui, le guérisseur a une vie comme tout le monde ! Il est important pour lui aussi de pouvoir débrancher et se ressourcer comme dans n'importe quel autre travail. Le guérisseur a aussi une famille, une vie sociale et besoin de ses heures de sommeil. Ne soyez pas surpris de notre réaction, mais comprenez qu'un guérisseur épuisé n'aide plus grand monde. Certains pensent qu'une demande de secret est un dû et que nous devrions être disponibles 24 heures sur 24. Nous le faisions à nos débuts, au détriment de notre santé, et avons très vite compris qu'à ce rythme nous n'allions pas tenir bien longtemps. Il faut dire qu'il y a des sans-gêne qui appellent volontiers le dimanche matin à 7 heures pour une verrue plantaire installée là depuis cinq ans ! Mais ces petits travers ne sont heureusement pas une majorité. La plupart des demandes sont courtoises et polies.

LA TRANSMISSION

Les secrets se transmettent à une personne plus jeune afin d'en garder la pérennité. On ne choisit pas vraiment à qui on va les donner, mais lorsque la rencontre se fait et que le moment est venu, cela apparaît comme une évidence.

Le fait de donner les secrets n'amoindrit en rien ses propres capacités à les pratiquer. Nous pouvons tout à fait les transmettre à plusieurs reprises et continuer soi-même.

Par contre, pour les recevoir, il faut certaines prédispositions : une ouverture d'esprit et une conscience aux énergies supérieures. Qu'importe l'appartenance religieuse ou culturelle, du moment que l'intention reste droite et pure, même si dans notre culture, les prières font très souvent appel à des saints et à la Trinité. Il est aussi important de savoir mesurer la valeur de cette grâce précieuse qui nous est accordée et qu'il faut utiliser avec grand respect.

La question à se poser est : est-ce que j'ai envie de le faire pour moi ou pour être au service du monde spirituel ?

Selon la vertu de son âme et sa volonté, chacun peut œuvrer soit pour le bien (magie blanche) soit pour le mal (magie noire). Dans l'équilibre universel, pour que le bien existe, son opposé doit être présent tels le yin et le yang, l'eau et le feu, le féminin et le masculin.

N'oublions jamais que tout est énergie et vibration ; si nous envoyons des ondes positives, le positif nous revient. Si nous envoyons des ondes négatives, le négatif nous revient également. Pour comprendre cette loi, imaginons un bol rempli d'eau dans lequel nous lâchons un petit caillou qui va créer une vaguelette. Celle-ci va taper contre le bord du bol et revenir au centre par le fond. Soyons donc extrêmement vigilants à notre volonté première ! Si l'intention n'est pas pure il faut être prêt et avoir la force d'en assumer les conséquences.

On nous a déjà demandé comment on savait si on travaillait avec l'énergie blanche ou la noire. Quand on se branche à la puissance, l'énergie que l'on ressent est douce, remplie d'amour, enveloppante. La sensation est comparable à ce que ressent un enfant dans les bras de sa mère. Quand nous avons affaire à l'énergie noire — nous la ressentons parfois sur des personnes qui la subissent ou qui travaillent avec la magie noire — la sensation n'est pas du tout la même. Nous avons l'estomac qui serre, des nausées, et un état fébrile s'installe très vite. Quand nous ressentons ces symptômes en séance, nous nous protégeons encore plus pour ne pas l'endurer et ne pas nous faire vider de notre énergie. Dans le cas de quelqu'un qui la subit, nous allons « nettoyer », si l'on peut parler ainsi, et réinstaller une nouvelle harmonie. Il est aussi très important que la personne apprenne à se protéger pour éviter que cela recommence. L'amour est un très bon antidote contre l'obscurité !

Il peut arriver à un guérisseur d'être tenté par l'énergie noire, pour preuve l'expérience de Françoise :

« Il y a une douzaine d'années, une femme m'a approchée pour me proposer un rituel afin de guérir d'une maladie grave la personne qui compte le plus pour moi. Je sentais que cela pouvait marcher et que ça valait la peine de tenter le coup. Même si cette procédure était un peu particulière, je savais déjà qu'il ne fallait pas se limiter avec le mental mais au contraire toujours essayer.

Il y avait quelque chose qui me dérangeait chez cette femme, me mettait mal à l'aise, mais la perspective de guérison que je pouvais apporter m'embrouillait l'esprit. J'avais de plus en plus le sentiment de détenir la solution, c'était réjouissant. Cette guérisseuse m'a relancée plusieurs fois en me demandant quand est-ce qu'on faisait ce rituel ? Plus elle insistait, plus je me sentais mal à l'aise. Il y avait vraiment un je-ne-sais-quoi qui me retenait.

J'ai fini par comprendre que ce que dégageait cette personne n'était pas net, quand bien même elle était souriante et joviale. J'ai dû prendre beaucoup de recul par rapport à elle pour pouvoir me recentrer et comprendre ce qu'il se passait : j'étais simplement tentée par l'énergie sombre, elle me proposait ce qui me tient le plus à cœur ! Difficile de résister, mais il était exclu que je prenne le risque de m'engager dans cette voie-là. Je sais que quand on commence à y glisser, il est très difficile de revenir en arrière et les conséquences en sont très graves pour soi et pour ses proches. »

Nous avons toutes deux reçu les secrets à des périodes différentes de nos vies.

Il y a une vingtaine d'années, Françoise a beaucoup sollicité un faiseur de secrets pour des raisons personnelles et graves. Avec ses appels répétés, elle avait la sensation d'abuser de la gentillesse de ce guérisseur et finissait par être mal à l'aise d'insister ainsi. Elle a fini par penser que ce serait plus simple si on voulait bien lui donner ces prières afin qu'elle les fasse elle-même ! N'ayant pas l'audace de demander un cadeau si précieux à son détenteur, elle a fini par s'adresser directement à la puissance divine en lui formulant clairement ses motivations. Ça a mis quelques années, mais un jour quelqu'un l'a appelée pour lui demander si elle voulait les secrets ! On aime à penser qu'il n'y a pas de hasard ! L'expérience de Fabienne a été très différente ; elle a rencontré une guérisseuse qui lui a fait la bonne surprise de lui proposer les secrets. Il s'est avéré que ça avait été comme une évidence pour cette personne.

On se souvient toutes deux qu'une fois l'excitation passée, la responsabilité de ces connaissances nous a rapidement remis les deux pieds sur terre ! « Mais comment je vais faire avec ça ? Et si ça ne marche pas ? Et si je ne fais pas juste ? » Les questions ont fusé très vite et le meilleur moyen d'avoir les réponses était de se lancer ! Et pourtant il nous a fallu à peu près une année chacune pour oser, tant il nous paraissait impossible d'avoir ces capacités. Et c'est dans un cas d'urgence où nous étions touchées émotionnellement qu'on s'est simplement fait confiance. On n'oublie pas la première fois que cela se met en place. Pour Françoise, c'était une petite fille de 3 ans qui s'était ouvert l'arcade sourcilière et saignait beaucoup. À la fin de la prière le sang avait fini de couler. Et pour Fabienne, un collègue de son mari qui s'était coupé gravement au travail avec une machine. Là aussi le saignement a stoppé net.

Et là les questions ont recommencé ! « Mais comment c'est possible ? Mais comment ça marche ? »

En effet c'est tellement simple de faire une prière et, si on la fait avec tout son cœur, on ne peut pas se tromper. La règle de base est de laisser son mental de côté et de laisser faire son cœur.

Malgré cela, il arrive que ça ne marche pas : pourquoi ? On ne le sait pas. Peut-être que la personne doit vivre sa problématique pour lui permettre de comprendre certaines choses afin d'évoluer ? Il faut simplement faire confiance et aussi accepter que parfois il nous arrive de ne pas être dans des conditions optimales pour travailler.

Nous ne sommes que les intermédiaires entre la personne en souffrance et la puissance divine.

LA GRATUITÉ

Les secrets sont totalement gratuits.

Cependant, il faut savoir qu'à l'époque les gens qui sollicitaient les guérisseurs leur offraient quelque chose ; six œufs, un jambon, du fromage. Qu'importe, mais il y avait un échange, une implication. Ces biens demandaient du travail et un investissement. En les offrant, ils offraient une partie d'eux-mêmes. De nos jours ces pratiques de troc n'existent plus et donner de l'argent enlève toute la gratuité de cet acte. Mais alors, comment remplacer cette implication ?

Nous pouvons comprendre que maintenant certains guérisseurs demandent à être payés. Nous savons tous que nous accordons moins de valeur à ce qui est gratuit. Peut-être que fixer un prix aux secrets pourrait les resituer à leur juste place. Il faut savoir que pratiquer les secrets prend beaucoup de temps. Il y a des demandes de toutes sortes, certains cas nécessitent un travail quotidien se répétant pendant plusieurs semaines. Les listes s'allongent et il faut bien penser que pendant ce temps-là les guérisseurs ne peuvent pas travailler afin de gagner leur vie.

Nous pensons que chacun doit se faire son opinion sur le sujet. Toujours est-il que nous vous mettons en garde contre les arnaques où l'on vous demande d'envoyer une somme d'argent avant tout travail.

En ce qui nous concerne, nous avons trouvé un compromis. Les dons que nous recevons nous servent à soutenir différentes associations :

- Un petit garçon né en 2002, Than Trung Le. Il vit au Vietnam dans des conditions très précaires. Cet argent lui permet d'aller à l'école, de recevoir un repas chaud par jour et d'avoir accès aux soins médicaux si nécessaire, par le biais de l'Association valaisanne « Enfants de Saïgon ».

- Association suisse des hémophiles.

Selon les moyens disponibles nous aidons ponctuellement différentes œuvres, cela permet de continuer la chaîne de l'entraide.

LA VISION DU MONDE MÉDICAL

Il y a quelques années, les patients n'osaient pas dire à leur médecin qu'ils avaient fait appel à nous. Puis, il y a eu la période où les infirmières nous téléphonaient en cachette. Maintenant, il est de plus en plus courant de trouver des listes de faiseurs de secrets affichées dans les bureaux des infirmiers. On y retrouve même des annotations sur les résultats obtenus par chaque guérisseur. Ces demandes entrant de plus en plus dans les mœurs, certains médecins n'hésitent plus à nous appeler eux-mêmes.

Nous avons téléphoné à des services hospitaliers qui utilisent ces listes, les infirmières nous ont parlé librement à ce sujet et confirment tout naturellement en faire usage et les proposer aux patients. Quant aux médecins avec lesquels nous avons parlé, tous, sans exception, nous ont reçu avec beaucoup de gentillesse et de disponibilité pour échanger sur le sujet. Certains se sont même livrés en toute confiance, nous faisant part de leur expérience personnelle dans le privé ; malgré cela, il en est ressorti que professionnellement ils ont tendance a minimiser les bienfaits de ces interventions en s'appuyant sur le fait qu'il n'y a jamais eu d'étude comparative sur le sujet. Il est vrai qu'il est impossible de comparer les résultats qu'aurait obtenus une personne si elle avait fait appel ou non aux secrets. Tant que l'action des guérisseurs reste complémentaire à leur travail, cela ne dérange aucunement les médecins que certains de leurs patients fassent appel aux faiseurs de secrets.

Nous avons tenté d'obtenir des témoignages écrits de médecins mais, pour grand nombre d'entre eux, franchir un pas en paraissant dans ce livre au grand jour n'est pas envisageable. Certains ont même exprimé une peur du jugement de leurs confrères ou patients.

Nous vous livrons ici le témoignage de l'un d'entre eux :

« Comme chirurgiens, notre esprit face à la maladie raisonne de façon logique, méthodique, afin de comprendre l'interaction d'un organe malade sur le reste du corps. Nous en déduisons une conclusion rationnelle dont résultera la proposition thérapeutique. Ce procédé permet donc, à partir d'énoncés démontrables, d'en construire de nouveaux et de proposer le traitement adéquat pour des affections semblables. Nous sommes donc dans le domaine du raisonnable, du cartésien.

Malheureusement, la nature ne se comporte pas toujours de façon raisonnable et nous tombons alors dans l'irrationalisme, monde inaccessible à l'esprit, ou même déraisonnable. Nous faisons alors appel aux guérisseurs (guérisseuses) ou aux faiseurs (faiseuses) de secrets qui viennent en aide à nos malades.

Après plusieurs opérations infructueuses pour tenter d'éradiquer des verrues plantaires chez plusieurs patients, dont mon fils (un téléphone à une guérisseuse ayant permis de les faire disparaître définitivement), ces appels ont permis de les soulager à vie de leurs problèmes douloureux et très désagréables.

Aux services des urgences de différents hôpitaux, nombreuses sont les infirmières qui, à l'arrivée des brûlés plus ou moins graves, téléphonent aux faiseurs (faiseuses) de secrets afin de les aider à supporter leurs douleurs. L'effet est difficile à démontrer, car parallèlement, un traitement *lege artis*[1] est instauré et il est alors compliqué de savoir le quoi du comment. »

Docteur Baco

La science n'a pas encore tout expliqué et la nature cache encore bien des mystères, malgré toutes les connaissances déjà acquises tant dans la médecine officielle que dans toutes les médecines dites « parallèles ».

POURQUOI EST-CE SI SECRET ?

À l'heure actuelle est-il toujours opportun de faire perdurer cette notion de secret ? Il est aisé de trouver en librairie ou sur internet des recueils qui recensent les prières. Ce n'est donc plus si secret ! Malgré cela cette pratique reste entourée de mystère.

Rappelons que la Suisse détient le record en matière de chasse aux sorcières. Notre pays, dans ses frontières actuelles, détient la palme de la plus longue durée de répression de la sorcellerie, et également, en proportion de sa population, celle du plus grand nombre d'individus poursuivis pour ce crime. Durant près de trois siècles, quelque 5000 personnes ont été mises en accusation et 3500 d'entre elles ont été exécutées, avant tout par le feu ; 60 à 70 % étaient des femmes. La dernière sorcière condamnée en Suisse a été Anna Göldi, en 1782, dans le canton protestant de Glaris[2].

---

1 Selon les règles de l'art.

2 Source : Jacques Berset, www.kipa-apic.ch/index.php?na=0,0,0,0,f&ki=229460

À Fribourg, Catherine Repond, dite « la Catillon », a été la dernière femme de Suisse romande condamnée au bûcher, en 1731. Selon les Archives de l'État, cette quasi septuagénaire a été jugée pour sorcellerie à l'issue de treize interrogatoires, dont quatre sous la torture, avant d'être exécutée le 15 septembre 1731 au Guintzet.

En Valais, un premier procès pour sorcellerie est attesté en 1420. Entre 1428 et 1434, plus de 200 personnes ont été condamnées à être brûlées vives par les autorités profanes de l'évêché de Sion. De nombreux procès de sorcellerie eurent lieu également à Bagnes et à Salvan où s'étendait la juridiction de l'abbé de Saint-Maurice. Les procédures se multiplient au cours des XVIe et XVIIe siècles. Par la suite, elles diminuent peu à peu, avant de disparaître. Dès 1678, les documents se font de plus en plus rares ; les deux derniers Valaisans brûlés pour sorcellerie, Jeanne-Françoise Aubert de Bovernier et Pierre Terretaz de Sembrancher, ont subi ce sort en 1730 à Bagnes. Le curé Kämpfen signale cependant qu'un grand nombre de personnes ont continué à croire en la sorcellerie jusqu'à la fin du XVIIIe siècle[3].

Après de tels événements, il n'est pas étonnant que la pratique des secrets soit devenue discrète et même cachée. Certaines familles ont continué à faire appel aux guérisseurs mais cela ne se disait pas, les adresses se transmettaient sous le manteau à une personne de confiance.

De nos jours, les gens se tournent de plus en plus vers des médecines parallèles, et ont des demandes de

---

3 Source : www.librepensee.ch/fr/2006/02/un-crime-chretien-la-chasse-aux-sorcieres

se soigner de façon plus naturelle. Toutes les connaissances ancestrales sur les plantes, le reboutage, le massage, le magnétisme, entre autres, reviennent en force. Les guérisseurs et autres praticiens peuvent enfin exercer au grand jour sans la crainte d'être brûlés vifs.

QUELQUES SECRETS

Nous avons choisi de vous présenter ci-dessous quelques prières du renommé Jean Sempé car elles sont simples et accessibles à tout à chacun. Jean Sempé (†1892) était un guérisseur laïc et mystique opérant par la prière. Il eut une vie très simple dévouée à libérer ses semblables de leurs atteintes physiques et psychiques, grâce à son extraordinaire puissance de guérison contre les maladies les plus désespérées.

Jean Sempé transmit ces prières merveilleuses à l'abbé Julio (de son vrai nom Julien Ernest Houssay) en 1888, lui démontrant ce qu'enseignent les Évangiles, à savoir que le Christ a confié à ses disciples le pouvoir d'imposer les mains aux malades, ce que fit l'abbé Julio à son tour jusqu'à sa mort le 27 septembre 1912 à Genève.

Prière à Saint Laurent[4]

Contre toutes sortes de brûlures.

Par trois fois différentes, soufflez, en forme de croix, sur la brûlure et dites :

---

4 Source : *Prières Merveilleuses - Pour la guérison de toutes les maladies physiques et morales*, abbé Julio, Éditions Bussière, 1995 (reproduction de l'édition de 1896).

† Ô grand Saint Laurent,
Sur un brasier ardent
Tournant et retournant,
Vous n'étiez pas souffrant.
† Faites-moi la grâce
Que cette ardeur se passe :
† Feu de Dieu, perds ta chaleur,
Comme Judas perdit sa couleur,
Quand il trahit, par passion juive,
Jésus au Jardin des Olives.

Cinq *Pater* et cinq *Ave*.

Prière à Sainte Apolline[5]

Contre les névralgies et les maux de dents.

Par trois fois différentes, soufflez, en forme de croix, sur la joue malade, et dites :

Sainte Apolline,
Belle et divine,
Était assise au pied d'un arbre,
Sur la blanche pierre de marbre.
Jésus, notre Sauveur,
Là passant par bonheur,
Lui dit : — Apolline
Qui donc te chagrine ?
— Je suis ici, Maître Divin,

5 Source : *Prières Merveilleuses - Pour la guérison de toutes les maladies physiques et morales*, abbé Julio, Éditions Bussière, 1995 (reproduction de l'édition de 1896).

Pour douleur, et non pour chagrin :
J'y suis pour mon chef, pour mon sang
Et pour mon mal de dents.
Jésus lui dit :— Apolline a la foi :
† Sur ma parole, ô mal, détourne-toi !
† Si c'est goutte de sang, elle séchera ;
† Si c'est un ver, aussitôt il mourra.

Cinq *Pater* et cinq *Ave*, en l'honneur des cinq plaies du Sauveur.

Prière à Saint Antoine de Padoue[6]

Pour trouver une personne ou pour retrouver un objet, la dire pendant neuf jours.

† Grand Saint Antoine de Padoue, flambeau lumineux,
je vous prie d'éclairer mon esprit, afin que je puisse
trouver (N..., ou tel objet) ;
faites que je déjoue les ruses de Satan et que je sorte
victorieux des pièges qu'il me tend pour me perdre et
m'affliger.
Je vous en supplie par la science que l'Esprit-Saint a si
largement répandue en votre âme, pour éclairer
l'Univers.
Ainsi soit-il !

[6] Source : *Prières Merveilleuses - Pour la guérison de toutes les maladies physiques et morales*, abbé Julio, Éditions Bussière, 1995 (reproduction de l'édition de 1896).

Pater Noster[7]

Notre Père, qui êtes aux cieux,
Que votre nom soit sanctifié,
Que votre règne vienne,
Que votre volonté soit faite sur la terre comme au ciel.
Donnez-nous aujourd'hui notre pain quotidien,
Et pardonnez-nous nos offenses comme nous
pardonnons à ceux qui nous ont offensés.
Mais ne nous laissez pas succomber à la tentation.
Et délivrez-nous du mal.
Amen

Ave Maria

Je vous salue, Marie, pleine de grâces,
Le Seigneur est avec Vous,
Vous êtes bénie entre toutes les femmes,
Et Jésus le fruit de vos entrailles est béni ;
Sainte Marie, Mère de Dieu,
Priez pour nous, pauvres pêcheurs,
Maintenant et à l'heure de notre mort.
Amen

[7] La Bible, Nouveau Testament, Évangile de Matthieu VI, 9-13.

Formules de guérison[8]

Quand il s'agit de guérir des plaies ou une maladie quelconque, ceux ou celles qui ont une grande confiance en l'intercession de Jean Sempé pourront, comme il le faisait lui-même durant sa vie mortelle, faire des signes de croix sur les jointures, ou sur les plaies, ou de la tête aux pieds, selon le genre ou la grièveté du mal.

En même temps que l'on fera ces signes de croix, on prononcera la prière suivante :

† Au nom de Jésus, † et au nom de son serviteur Jean Sempé, mal, cesse de me faire souffrir.
† Au nom de Jésus, je le veux et je te le commande :
Va-t'en, retourne d'où tu viens et restes-y toujours.
Ainsi soit-il !
† Mal, qui que tu sois, d'où que tu viennes, quel que soit ta nature ou ton principe, je t'ordonne au Nom de Jésus, à qui tout obéit au ciel, sur la terre et jusque dans les enfers, de quitter N... cette créature de Dieu ici présente.
Je te l'ordonne, au Nom † du Père, † et du Fils,
† et du Saint-Esprit.
Ainsi soit-il !

CRÉER SES PROPRES SECRETS

Comme expliqué plus haut, pour pratiquer les secrets il faut faire preuve de foi. Il faut aussi travailler avec son cœur et avoir une réelle envie d'aider. À partir du

[8] Source : *Petits secrets merveilleux pour aider à la guérison de toutes les maladies physiques et morales*, abbé Julio, Éditions Bussière, 1988.

moment ou tous ces ingrédients sont réunis, il est tout à fait possible de créer ses propres secrets !

Voici comment procéder :

Pour une meilleure réussite, nous vous conseillons de vous faire guider par une autre personne, afin de pouvoir lâcher votre mental.

Installez-vous confortablement, assis ou couché, selon votre préférence.

Fermez les yeux.

Prenez trois grandes inspirations profondes.

Imaginez que face à vous se trouve une source de lumière blanche.

Tout en respirant normalement, inspirez un peu de cette lumière blanche et dirigez-la dans votre plexus solaire.

Voyez votre plexus devenir blanc, lumineux.

Cette lumière s'infiltre dans tous les petits espaces, toutes les cellules.

Elle a la capacité de relâcher toutes les tensions.

Continuez à inspirer cette lumière.

Elle se propage dans votre abdomen, dans vos organes vitaux.

À l'aide de votre imagination, voyez vos côtes devenir lumineuses.

À chaque inspiration vous rajoutez un peu plus de lumière et elle s'intensifie, devient dense et brillante.

Cette lumière se propage maintenant dans votre thorax, votre cœur.

Et en même temps, dans votre bassin, vos hanches, votre coccyx.

Vous la voyez remplir chaque cellule de votre peau.

Remonter jusqu'à vos épaules, votre trapèze et détendre toute cette zone.

Afin de se déverser dans vos bras, jusqu'au bout des doigts.

Prenez conscience qu'elle descend maintenant dans vos jambes, en relâchant les cuisses, les genoux, les mollets, en détendant complètement les jambes jusqu'au bout des orteils.

Votre corps se remplit de plus en plus de lumière.

Et c'est au tour de votre nuque maintenant.

Voyez-la se remplir d'ondes lumineuses relaxantes.

Et votre tête reçoit enfin ces bienfaits et accueille ces rayons scintillants.

Ils s'infiltrent dans la mâchoire, la bouche, décolle la langue du palais, le nez, les yeux, les oreilles et même votre cerveau ainsi que votre crâne.

Apportez encore de la lumière dans votre organisme par votre respiration.

Voyez maintenant cette énergie prendre de plus en plus d'ampleur jusqu'à dépasser les limites de votre corps.

Elle vous baigne maintenant, vous enveloppe, vous porte et se dilate encore.

Continuez ainsi et imaginez que vous pouvez diriger une partie de cette lumière en direction du centre de la terre, en partant de votre plexus.

De plus en plus profondément, jusqu'au cœur de la terre afin de vous ancrer à lui.

Et maintenant, depuis le cœur de la terre, ramenez à vous cette lumière jusqu'à votre plexus.

Cela forme un circuit qui va de votre plexus au cœur de la terre et du cœur de la terre à votre plexus.

Ce circuit vous ancre au cœur de la terre.

Inspirez encore de cette lumière et imaginez que vous pouvez en diriger une partie vers le centre de l'univers, en partant de votre plexus.

De plus en plus haut, jusqu'au cœur de l'univers, afin de vous ancrer à lui.

Et maintenant, depuis le cœur de l'univers ramenez à vous cette lumière jusqu'à votre plexus.

Cela forme un circuit qui va de votre plexus au cœur de l'univers et du cœur de l'univers à votre plexus.

Ce circuit vous ancre au cœur de l'univers.

Reliez ces deux circuits pour n'en former qu'un qui se nourrit de ces trois points d'ancrage.

Il va de votre plexus et descend au cœur de la terre pour remonter ensuite à votre plexus.

Et va monter encore jusqu'au cœur de l'univers pour redescendre ensuite à votre plexus.

Et ainsi de suite...

Vous êtes maintenant parfaitement détendu.

Pensez à un enfant que vous connaissez.

Ce peut être le vôtre, ou alors un enfant que vous appréciez, que vous aimez.

Il est en train de jouer, il est sur un petit vélo ou un tricycle.

Regardez-le, voyez son sourire, sentez sa joie.

Prenez conscience de ce que vous ressentez en l'observant.

Vous le voyez maintenant passer devant vous sur son vélo.

Il y a une pente, il va de plus en plus vite, de plus en plus vite.

La vitesse le gagne, il se dirige contre un arbre.

Et c'est l'accident.

Il se retrouve par terre et vous l'entendez pleurer, hurler même.

Vous courez vers lui, le prenez dans vos bras.

Et là vous voyez qu'il saigne au visage, il s'est ouvert au niveau du front.

Vous le serrez contre vous.

Vous voulez que la douleur s'en aille, que les saignements cessent.

Vous le savez, une petite phrase ou deux, quelques mots suffisent pour que tout cela s'apaise.

Laissez venir à vous ces mots **maintenant**.

(Sans analyse, sans contrôle, sans raisonnement. Vous pouvez être surpris des mots qui se présentent à vous !)

Soyez certains que ces petites phrases vont apporter leurs bienfaits.

Voyez cet enfant maintenant. Il est calme, il sourit même, et les saignements ont stoppé.

Rouvrez les yeux et prenez avec vous cette émotion que vous aviez au moment ou vous avez vu et ressenti la souffrance, la peur de cet enfant.

Cette émotion c'est de l'empathie.

Cette empathie et les mots qui vous sont venus à l'esprit sont tout ce dont vous avez besoin pour pouvoir aider. Servez-vous-en.

N'oubliez pas : c'est par l'intention que le processus s'enclenche.

À vous de tester dès que l'occasion se présentera !

TÉMOIGNAGES

« Je profite de témoigner afin de remercier encore vivement Fabienne et Françoise pour avoir aidé ma fille qui a accouché il y a quelques mois et ma belle-fille il y a quelques jours.

En effet, tout allait mal et ma fille a dû être transportée à Genève en urgence pour accoucher. Là-bas, c'était la panique. Mon beau-fils m'a de suite téléphoné car elle perdait beaucoup de sang et était au plus mal. J'ai appelé de suite Fabienne qui m'a dit : « T'inquiète... on s'en occupe. » En attendant, mon beau-fils me rappelait pour me dire que ça allait très mal. Je rappelais encore Fabienne qui m'a dit qu'en effet, elles le savaient, et qu'elles s'en occupaient à fond. Peu de temps après, mon beau-fils me rappelait pour me dire que ça « tournait », qu'elle saignait nettement moins, en un mot...

ma fille reprenait vie. Ouf ! Selon la formule... maman et bébé se portent à merveille...

Il y a quelques jours, c'était au tour de ma belle-fille d'accoucher de deux bébés. Dès que j'ai su qu'elle aurait une césarienne, j'ai à nouveau téléphoné à Fabienne. Et... tout s'est passé à merveille. La maman n'a aucunement souffert, les bébés sont arrivés en douceur...

Merci à Fabienne et Françoise, deux belles personnes pleines d'amour. »

Gabrielle, grand-mère heureuse

« En janvier 2014, suite à un cancer gynécologique, j'ai dû subir une hystérectomie totale. Je suis infirmière retraitée et j'appréhendais beaucoup cette intervention. J'ai donc fait appel, sous le conseil d'une amie, à des personnes ayant le secret afin de demander de l'aide.

C'était ma première expérience et j'ai été très surprise du calme et de la sérénité avec lesquels je suis entrée en salle d'opération.

L'opération et le réveil se sont très bien passés, pas de saignement, de douleur ou d'autre problème ; d'ailleurs j'ai refusé tous les médicaments antidouleur.

Le personnel soignant et mon médecin étaient très étonnés de me voir aussi en forme mais avaient déjà pu observer le bienfait du « secret » chez d'autres patients.

Le troisième jour, je rentrais à la maison dans les meilleures conditions possibles.

Quelques semaines après, j'ai commencé la chimiothérapie. J'ai demandé l'aide des guérisseurs à chaque séance. Mes effets secondaires ont été minimes, à part la fatigue.

Lors des réunions de la Ligue vaudoise contre le cancer j'ai observé combien les personnes n'ayant pas fait appel au « secret » souffraient d'effets secondaires très importants et invalidants.

Je suis très reconnaissante à Fabienne et Françoise et depuis lors je me permets de conseiller à toutes les personnes ayant besoin d'aide de faire appel aux guérisseurs.

Christiane

LES DONS

Un petit mot qui englobe plusieurs techniques et pratiques de travail.

LES DONS D'INTERPRÉTATION :

- **La clairvoyance** : voir les problèmes physiques en regardant ou en touchant une personne.

  Nous ne parlons pas dans ce cas-là de divination, mais de la capacité de voir et de savoir quel endroit ou quel organe souffre en croisant un individu ou en le touchant.

- **Le clair-ressenti** : ressentir les maux physiques ou émotionnels de quelqu'un d'autre.

  Cette capacité est la plus courante et nous la retrouvons chez bon nombre d'individus. Il est très fréquent, lorsque nous croisons une personne ou même lors d'une conversation téléphonique, que nous ressentions des douleurs sur notre corps. Que ce soit dans le dos, les épaules, l'estomac ou ailleurs, cela indique clairement les organes en dysfonction chez l'interlocuteur. Au niveau émotionnel, cela fonctionne de la même manière. Ne vous est-il jamais arrivé de vous sentir triste ou mélancolique, sans raison, après une rencontre, alors que ce moment partagé était plutôt joyeux ?

- **La clairaudience** : entendre des mots ou des phrases qui donnent des indications.

  Cela se passe rarement comme une discussion normale à moins d'avoir plusieurs années d'expérience à son actif. Habituellement cela se limite à un mot, une petite phrase ou un son qui transmet une information.

  Cela peut tout à fait se produire à l'improviste.

- **L'interprétation des auras** : voir clairement le rayonnement d'énergie vitale.

  Tout est composé d'énergie et interagit constamment avec son environnement en émettant un rayonnement d'énergie vitale.

  Chez l'être humain, l'aura est constituée de sept corps subtils qui sont : le corps physique, le corps éthérique, le corps émotionnel, le corps mental, le corps causal, le corps spirituel et le corps divin. L'aura est différente d'une personne à l'autre, elle est complètement liée à notre santé physique et émotionnelle, à notre hygiène de vie, à notre niveau d'évolution spirituelle et à notre environnement.

Il est tout à fait possible de voir ce phénomène ainsi que les couleurs qui le composent. En cas de troubles sa dimension peut varier considérablement et présenter des pics ou des trous. L'endroit où se situent ces variations donne des indications sur les problèmes de santé ou émotionnels.

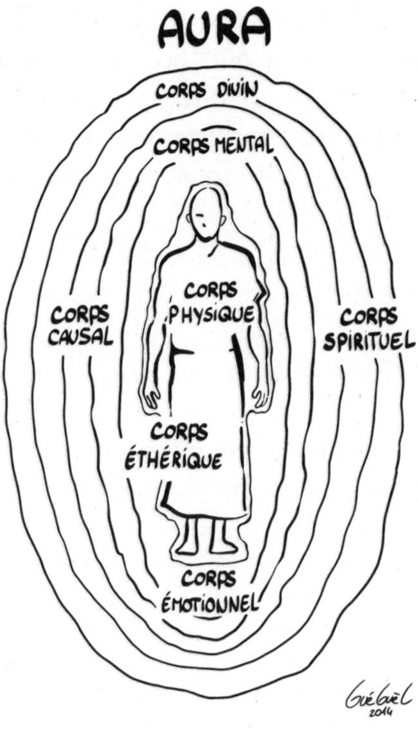

○ **La médiumnité** : communiquer avec les esprits.

Cette pratique consiste à échanger avec les êtres qui se trouvent dans le monde spirituel afin d'apporter des messages et du réconfort.

En quittant son véhicule terrestre, l'âme poursuit son chemin, ce qui entraîne une modification de la relation qu'elle a avec ses proches. La mort n'est pas une fin en soi mais un changement d'état. L'âme, n'étant plus limitée par le corps, peut prendre toute sa dimension.

Telle l'allégorie du papillon : la chenille au moment de faire son cocon est probablement convaincue de sa mort en tant que fin, sans savoir qu'elle va devenir un magnifique papillon. L'humain possède la compréhension de ce phénomène mais à son stade de conscience ne le transpose pas toujours à sa propre mort.

- **Et d'autres encore...**

LES DONS DE GUÉRISON :

- **Le magnétisme humain** : transmettre sa propre énergie au demandeur par ses mains, ses yeux ou son souffle.

  Les effets se font rapidement sentir.

- **Le magnétisme spirituel** que l'on peut aussi appeler l'**énergétique** ou **la transe-guérison** : servir d'« adaptateur » entre l'énergie de la source et le demandeur.

  L'énergie transmise est plus concentrée, plus dense.

Quoi qu'il en soit, il faut bien être conscient que ce n'est pas le guérisseur qui soigne, il est seulement un intermédiaire qui est au service du monde spirituel.

Pour étayer nos dires, voici un extrait de ce que dit saint Paul dans sa lettre aux Corinthiens :

« À chacun est donnée la manifestation de l'Esprit en vue du bien. À celui-ci est donnée une parole de sagesse ; à un autre, une parole de connaissance, selon le même Esprit ; un autre reçoit, un don de foi ; un autre encore, des dons de guérison ; à un autre est donné d'opérer des miracles. Mais celui qui agit en tout cela, c'est l'unique et même Esprit : il distribue ses dons, comme il le veut, à chacun en particulier. Prenons une comparaison : le corps ne fait qu'un, il a pourtant plusieurs membres ; et tous les membres, malgré leur nombre, ne forment qu'un seul corps. Il en est ainsi pour le Christ. Si, dans le corps, il n'y avait que des yeux, comment pourrait-on entendre ? S'il n'y avait que les oreilles, comment pourrait-on sentir les odeurs ? Mais dans le corps, Dieu a disposé les différents membres comme il l'a voulu. Si un membre souffre, tous les membres partagent sa souffrance ; si un membre est à l'honneur, tous les membres partagent sa joie. Or vous êtes corps du Christ et, chacun pour votre part, vous êtes membre de ce corps. Parmi ceux que Dieu a placés ainsi dans l'Église, il y a premièrement des apôtres, deuxièmement des prophètes, troisièmement ceux qui on charge d'enseigner ; ensuite il y a les miracles, puis les dons de guérison, de gouvernement, le don de parler diverses langues mystérieuses. Tout le monde évidemment n'est pas apôtre, tout le monde n'est pas prophète, ni chargé d'enseigner ; tout le monde n'a pas à faire des miracles, à guérir, à dire des paroles mystérieuses, ou à les interpréter. »[9]

[9] La Bible, Nouveau Testament, « Première lettre de saint Paul, apôtre, aux Corinthiens », chapitre 12.

On retrouve ainsi dans beaucoup de civilisations et religions des écrits, fresques ou autres qui témoignent du don de guérison. Il est incroyable que ces récits, qu'ils viennent des Mayas, des Égyptiens ou des Celtes entre autres, aient traversé les âges et les siècles avec des similitudes souvent déconcertantes. Une fois de plus peu importe le nom que l'on donne à cette « force », selon nos croyances. Il est important de prendre conscience que nous faisons partie d'un tout et que nous interférons en permanence les uns avec les autres.

Certains guérisseurs peuvent cumuler plusieurs facultés, utiliser différentes techniques citées plus haut. C'est ce que nous faisons. Mais, étrangement, ce n'est pas nous qui décidons quelles capacités nous allons utiliser. Lors d'une séance, cela se présente automatiquement et peut s'alterner ou se cumuler sans problème. « Là-haut », ils savent quels « outils » nous donner pour le travail du jour. Ce n'est pas nous qui décidons si nous allons utiliser la clairaudience, le clair-ressenti ou autre chose pour comprendre les problématiques à soigner. Nous sommes toujours enthousiastes de découvrir par quel biais les informations vont nous arriver et ce que nous allons devoir faire. Nous ne décidons pas non plus à quoi nous allons avoir accès et si nous allons travailler sur de l'énergétique, des blocages, des émotions, des douleurs physiques ou autres. C'est d'ailleurs une très bonne chose, cela protège la personne en soin si le guérisseur n'a pas accès à tous ses maux et à des sentiments qu'elle n'est pas prête à lâcher car elle serait ainsi mise à nu et ne saurait plus comment fonctionner en partant. Ce qui permet à chacun d'avancer à son rythme selon ses capacités à laisser derrière lui d'anciens fonctionnements. Quant au choix de la pratique du magnétisme humain ou spirituel pour telle ou telle personne, il ne nous incombe pas non plus !

Les facultés requises pour le bien-être de l'usager sont mises en place par le monde spirituel. Nous vous le répétons encore : « le guérisseur est au service du monde spirituel ». C'est pour cette raison que nous avons accepté le fait que si nous avons accès à une information, c'est que nous devons en parler à la personne en séance. Ce n'est pas nous qui décidons si elle est prête à l'entendre ou pas. Et bien sûr elle a toujours son libre arbitre. De la même manière ce n'est pas nous qui décidons si la personne va pouvoir être guérie ou non.

Avant l'arrivée du patient, nous nous « branchons » déjà sur lui, et les premières informations arrivent. Cela peut être par des douleurs physiques ou émotionnelles. Tensions sur les épaules, barre dans le dos, estomac barbouillé, maux de tête ainsi que baisse de notre vitalité sont des symptômes très fréquents. En sa présence et à l'aide de l'imposition des mains, ou d'un pendule, nous allons contrôler l'ouverture des chakras.

Les chakras sont des centres énergétiques répartis sur la hauteur du corps.

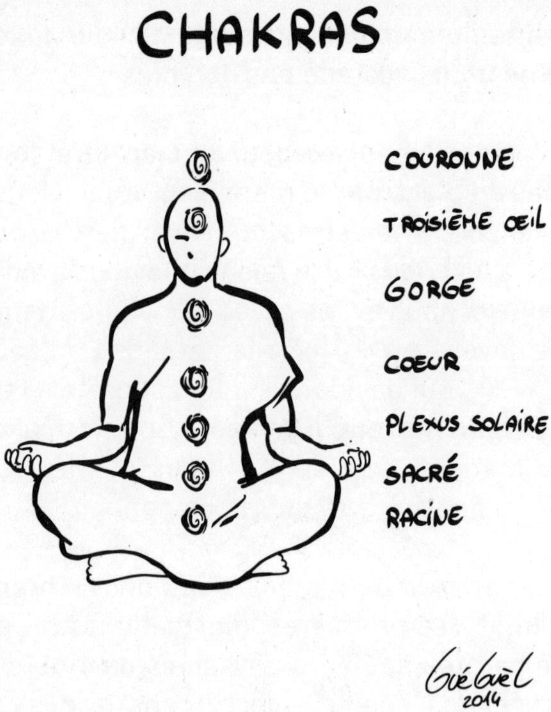

Nous ressentons ensuite les endroits du corps physique qui «tirent» le plus d'énergie, ce qui dévoile des blessures, opérations, dysfonctionnements actuels ou anciens. Nous percevons les blocages des corps subtils.

Nous vérifions aussi l'axe des trois plans :

- **Le plan horizontal** : situé au niveau du nombril, il représente le «ici». S'il est plus haut, nous n'avons plus «les pieds sur terre». S'il est plus bas nous sommes trop ancrés.

- **Le plan latéral** : situé au niveau des oreilles il représente le «maintenant». Trop en avant, nous sommes projetés dans l'avenir. Trop en arrière, nous sommes dans notre passé.

- **Le plan vertical** : situé au milieu du nez, il représente le « dans mon corps ».

Être correctement axé c'est : être ici et maintenant, dans mon corps.

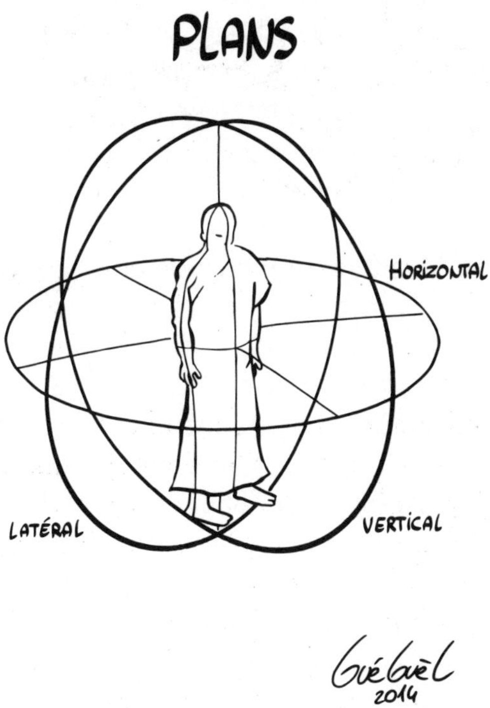

Bien sûr, notre rôle est d'harmoniser tout cela en suivant les indications que nous recevons de « là-haut ». Selon ces informations, nous travaillons sur l'équilibrage énergétique en nettoyant des blocages qui viennent de cette vie. Mais très souvent, nous les retrouvons dans des vies antérieures. Nous pouvons aussi le faire en nous concentrant sur les douleurs physiques et, là également, il arrive qu'elles aient une résonance avec une vie passée. Si, pendant la séance, nous ressentons la présence d'un être spirituel, nous allons en parler et transmettre son message souvent libérateur. Tout cela passe par l'émotionnel dont nous nous préoccupons tout autant.

Nous procédons par couches, comme un oignon que l'on pelle une peau après l'autre. Quand une couche a été nettoyée nous avons accès à la suivante et cela dans un ordre parfait afin qu'une chose en entraîne une autre. Le patient peut ainsi prendre conscience de ses blessures et de ses schémas répétitifs.

Il est important de répéter que nous ne pouvons pas lire en la personne comme dans un livre ouvert. Nous avons seulement accès aux informations nécessaires à ce moment-là, aux émotions ou blocages que la personne est prête à libérer ou à évacuer ce jour-là.

Nous nous servons de l'imposition de nos mains pour rétablir et réharmoniser la circulation énergétique, que ce soit par du magnétisme humain ou spirituel.

Nous faisons un équilibrage corps, esprit et âme.

POURQUOI FAIRE APPEL AUX GUÉRISSEURS

Les émotions que nous vivons tous et que nous avons beaucoup de peine à évacuer sont comme des petits cailloux que nous mettons dans un sac à dos, qui n'a de cesse de s'alourdir, jusqu'au jour où le sac est bien trop lourd à porter. Cela provoque ces fameux blocages énergétiques et ces derniers vont se manifester par des maux physiques. Forcément, avec un sac à dos rempli de cailloux qu'on porte depuis des années, on finit par avoir mal au dos ! Cela commence par l'émotionnel, ensuite se reporte sur l'énergétique et enfin sur le physique, c'est un phénomène de cascades. Quand l'énergie circule mal ou est bloquée par endroits, nous nous sentons fatigués, nous dormons mal, nous avons de la peine à récupérer car notre sommeil n'est pas réparateur. Les intestins péclotent, sans compter les douleurs de droite et de gauche, et nous nous posons toujours les mêmes questions sans jamais avoir de réponses. Bref, on tourne en rond et le serpent se mord la queue !

Prenons comme exemple une cocotte-minute remplie d'eau. Verrouillons le couvercle et mettons le feu au maximum. Schématiquement, nous sommes cette cocotte-minute. Comme tout est verrouillé, l'eau va bouillir rapidement et la vapeur ne va pas pouvoir sortir.

En revanche, quand l'énergie circule correctement et que notre corps physique est alimenté, nos idées sont beaucoup plus claires, nous dormons mieux et nos blocages disparaissent. Nous sommes beaucoup plus réceptifs aux messages et aux signes qui se mettent sur notre chemin. Nous vivons alors avec le sentiment de savoir qui nous sommes, où nous allons et surtout comment y aller. Vivre en harmonie n'est donc pas mission impossible !

Bien entendu, une fois cet équilibre acquis, il est important de le préserver afin de faire face aux événements de la vie de manière plus sereine. Être en harmonie avec ses corps énergétiques ne veut pas dire être épargné par les tracas de l'existence, mais les envisager de manière plus douce. Une citation de Sénèque exprime très bien cela : « La vie n'est pas d'attendre que l'orage passe, c'est d'apprendre à danser sous la pluie ! »

Chaque événement est alors pris comme une leçon. Nous avons toujours deux possibilités dans la vie : par exemple, lorsqu'on est malmené, on peut pleurer en se demandant : « Pourquoi moi ? », « Pourquoi encore ça ? », « Qu'ai-je fait pour mériter ça ? »

Mais on peut aussi se demander : « Que puis-je en faire ? », « Ce problème survient pour m'apprendre quelque chose, où se trouve la leçon ? Quel est le message ? »

Tirer les enseignements de ce qui arrive et ne pas s'apitoyer sur soi n'enlèvera en rien à la douleur qu'il soulève, mais faire de cette douleur une leçon, un « cadeau », nous permettra d'en sortir grandi. Malheureusement l'être humain apprend par la difficulté ! Si nous trouvons ce que nous avons à comprendre, il ne sera plus nécessaire qu'on nous le remette devant le nez encore et encore.

Petite phrase à méditer : « Nous ne sommes pas des êtres humains venus faire une expérience spirituelle, mais des êtres spirituels venus faire une expérience humaine » (Pierre Teilhard de Chardin).

La vie est une succession de leçons, autant en faire des forces. Après chaque enseignement, il est important de réharmoniser nos corps énergétiques malmenés et de garder nos chakras ouverts.

Voici un petit exercice tout simple que vous pouvez faire vous-mêmes à la maisonet que nous appelons « l'arbre »:

Mettez-vous debout, les jambes légèrement écartées, et fermez les yeux.

Prenez quelques inspirations profondes et imaginez que des racines poussent sous vos pieds, de très longues racines fortes et épaisses quï s'enfoncent dans une terre chaude, humide, agréable.

Vos racines deviennent tellement grandes qu'elles plongent jusqu'au cœur de la terre et vous allez puiser l'énergie du cœur de la terre, la faire remonter jusqu'à vos pieds.

Donnez-lui une couleur s'il est plus facile pour vous de la visualiser ainsi.

Une fois l'énergie arrivée à ce niveau, elle rentre dans vos pieds et remonte le long de vos jambes qui sont devenues le tronc de l'arbre.

Cette énergie s'installe dans toutes vos cellules, les gorges de bien-être et de détente et les nourrit complètement.

Elle continue de monter, remplit maintenant votre abdomen, votre thorax.

Se déverse dans vos bras qui deviennent les branches et ce fluide les remplit.

Il remonte dans votre nuque, votre tête, et vous le faites ressortir par le haut de votre crâne qui est le faîte de l'arbre.

Une fois ce courant bien installé, puisez l'énergie du cœur de l'univers au même titre que l'arbre a besoin de l'énergie du soleil.

Cette dernière s'infiltre par le haut de votre tête et remplit tout votre corps, de la même manière que pour l'énergie du cœur de la terre.

Jusqu'à ressortir par vos racines.

Ces deux flux doivent se croiser en permanence en nous, afin que nos corps énergétiques et nos chakras restent ouverts et se rechargent.

Ce petit exercice, qui ne prend que quelques minutes, devrait faire partie de l'hygiène quotidienne.

À noter qu'il est fort agréable de le pratiquer pieds nus, en pleine nature quand la saison le permet.

Notre intervention de guérisseur devient nécessaire lorsqu'une personne se retrouve avec des douleurs, tant physiques qu'émotionnelles. Il n'est pas rare que nous nous trouvions face à des gens complètement épuisés, qui n'y arrivent plus seuls. Notre « mission » est de rééquilibrer et surtout de donner « les outils » nécessaires afin que ces derniers puissent y arriver par eux-mêmes. Notre rôle est un contrat à durée limitée, si l'on peut s'exprimer ainsi. En partant du principe qu'une personne évolue, il est logique qu'un jour elle n'ait plus besoin de nous car elle sera suffisamment à l'aise pour traverser sa vie en toute harmonie, de manière autonome.

Il est fréquent qu'on revienne nous voir lorsqu'une grosse difficulté surgit (deuil, maladie grave, divorce etc.) et que la personne ressente la perte de cette harmonie, qu'elle n'arrive plus à la maintenir. Dans ce cas une petite « remise sur les rails » est alors nécessaire.

Il se peut qu'après un certain temps, nous ne soyons plus le guérisseur qui convienne et qu'il faille consulter une autre personne afin de travailler sur un autre plan.

À notre avis, on ne devrait jamais être le guérisseur de toute une vie. C'est pourquoi nous pensons que le guérisseur ne doit jamais devenir une béquille sur laquelle vous vous reposez à long terme. Le but est que vous deveniez capable, assez rapidement, d'interagir par vous-même dans votre existence. Vous êtes le seul capitaine de votre âme !

Dans les cas où on fait appel à nous dans le but d'un chemin d'évolution personnelle, nous faisons le même travail. Nous contrôlons que tout soit parfaitement équilibré afin que la personne soit réceptive à toutes les informations que le monde spirituel lui transmet. Que ce soit par le biais de coïncidences, de rencontres ou de messages.

Plus nous nous nettoyons de blocages et de traumatismes, plus nous nous ouvrons à nos capacités extrasensorielles.

POURQUOI CERTAINES PERSONNES NE GUÉRISSENT PAS

Dans le conscient collectif, tout le monde veut guérir, mais cette pensée est erronée. En effet, pour bon nombre de personnes la guérison peut être une épreuve désagréable et déstabilisante. Guérir, c'est être prêt à aller de l'avant, ne plus se complaire, même de manière inconsciente, dans un rôle de victime et pour terminer, être prêt aux changements. Être malade attire l'attention, apporte un pouvoir, un moyen de manipuler et même un contrôle sur l'entourage, il en découle un certain « confort », et cela à tout âge. Une guérison exige un changement de pensées, de rapport dans les relations, voire même d'environnement. Il est bien connu qu'entre le malheur qu'il connaît et le changement, l'humain choisit souvent le malheur ! Ce réflexe est normal, beaucoup préfèrent rester dans ce qu'ils connaissent, même si c'est pénible et douloureux, plutôt que d'aller vers un changement qui apporte une inconnue, donc une insécurité.

Nous avons des gens qui, pour toute perturbation dans leur vie, nous appellent afin qu'on les aiguille. Souvent ces personnes ont perdu toute confiance en elles ou sont transies de peur à l'idée d'éventuelles adaptations à faire. Elles ne veulent pas quitter des schémas qu'elles connaissent par cœur et qui les rassurent. Bien entendu, nous ne refusons jamais d'aider quelqu'un. Nous acceptons qu'il ne soit pas prêt, que ce ne soit pas encore le moment pour lui. Quand il le sera, tout pourra se mettre en place.

Cela dit, il y a trois points importants dont il faut tenir compte :

- Nous héritons du facteur génétique mais aussi émotionnel de sept générations en amont et le transmettons à sept générations en aval. Ce qui explique les schémas répétitifs de maladies ou de comportements. Ce qu'une génération n'assume pas, une autre devra y faire face. En résumé, la patate chaude est refilée plus loin ! Toutes les charges émotionnelles non réglées se retrouvent chez les descendants.

- Nous retrouvons souvent des conséquences dans cette vie de blessures ou maladies survenues dans une existence passée.

- Les lois du karma et du dharma.

Sans parler des problèmes qui sont engendrés par la pollution, les aliments modifiés, l'hygiène de vie, certains médicaments et bien d'autres.

EST-CE QUE TOUT LE MONDE PEUT ÊTRE GUÉRISSEUR ?

On peut avoir un don de guérison de naissance ou l'avoir reçu d'un guérisseur de son vivant, ou du monde spirituel. On peut aussi prendre conscience, après un grand choc, de ses nouvelles facultés. Quant à savoir si on a tous un don, la réponse est oui. Et il est tout à fait possible de le développer, selon ses sensibilités et ses prédispositions. Cela demande un certain travail car on ne se réveille pas un matin avec ces acquis au même titre que l'on ne se réveille pas un matin en étant boulanger ! Nous sommes convaincues que chacun peut travailler, faire croître ses facultés, mais que nous n'avons pas tous le même terrain de base. Prenez deux personnes qui passent leur permis de conduire ; il se peut que la première, après quelques heures de conduite accompagnée, soit parfaitement à l'aise et maîtrise son véhicule alors que l'autre, après trente heures, ne sera peut-être toujours pas au point !

Pour nous qui avons reçu ces dons de nos familles et cela d'une manière différente, il a été nécessaire de les travailler et les pratiquer afin de les développer. C'est tout un chemin à parcourir que de prendre conscience de ses capacités, de les comprendre, les accepter, les faire grandir et les partager. Aujourd'hui encore, nous affinons ces dons et continuons à avancer sur cette voie du développement personnel.

On peut commencer par de petits exercices, en magnétisant un fruit par exemple. Prenez deux citrons, magnétisez tous les jours le même fruit pendant plusieurs minutes. Vous pourrez constater que le citron qui a reçu vos « bons soins » mettra plus de temps à pourrir que l'autre. Tentez aussi l'expérience avec votre animal de compagnie. Les chats sont de très bons récepteurs par exemple, certains vont adorer et se mettre à ronronner sans que vous les touchiez pour autant, d'autres ne supporteront pas ce taux vibratoire différent et vont partir. Le champ des possibles est infini, les plantes, les légumes, l'eau. Amusez-vous ! Ne vous freinez pas avec la peur ou les doutes. Ouvrez votre cœur et lancez-vous !

Nous constatons souvent, lors de nos ateliers de développement extrasensoriel, que la peur est très handicapante. Elle est légitime et compréhensible. Peur de faire mal, peur du manque de résultat, du regard des autres… Il est nécessaire que vous la surmontiez. Du moment que votre intention est droite et pure, il n'y a aucun danger.

Au fil du temps, vous discernerez des différences notoires entre vos ressentis lors du travail sur un fruit et celui sur votre chat. Vous allez affiner vos perceptions et prendre conscience qu'en travaillant, des informations émergent en vous. Soyez à l'écoute de ces nouvelles capacités qui s'ouvrent. Nous vous souhaitons beaucoup de plaisir, ainsi que de magnifiques découvertes !

Il faut travailler avec son cœur, avoir la passion, de l'empathie, une envie profonde de soigner et soulager pour devenir un bon guérisseur. Il est aussi important d'avoir suffisamment de ce fameux fluide dont on parle souvent. Nous vous invitons donc à pratiquer, encore et toujours, car tout talent se développe.

Comme pour les secrets, la question à se poser est : est-ce que j'ai envie de le faire pour moi ou pour être au service du monde spirituel ?

Travailler pour le monde spirituel c'est :

- Travailler avec l'amour.
- Chercher le meilleur en tout.
- Tourner le dos à la négativité.
- Donner le meilleur de soi.

- Amener de l'amour.
- Amener de l'harmonie.
- Amener de l'espoir.
- Savoir être sensible au désespoir.
- Semer de la joie.
- Savoir amener de la guérison.
- Savoir aider sans prise de pouvoir.
- Faire de l'optimisme un état d'être.
- Savoir aimer les personnes, même si elles ne nous plaisent pas.

Nous ne disons pas que cela est facile pour nous et que nous le pratiquons en permanence, mais nous faisons de notre mieux.

Si vous avez été appelé à être un guérisseur, alors votre désir d'aider les gens est une partie intrinsèque de vous.

Malheureusement, l'image du guérisseur est ternie par un nombre incalculable et de plus en plus important de charlatans qui se prétendent guérisseurs, magnétiseurs, médiums ou encore rebouteux. Ces individus utilisent la crédulité des gens dans un moment de souffrance et de faiblesse dans un but financier, pour gonfler leur ego ou pour avoir une petite cour autour d'eux.

Ceux-là même feront en sorte de vous rendre dépendants de leurs services en vous faisant croire que vous ne pourrez pas y arriver sans eux. Ils vous en diront suffisamment pour vous faire peur ou pas assez pour que vous soyez demandeur. Il est facile de jouer sur la souffrance et la douleur d'une personne affaiblie. Soyez donc vigilants ! La confusion entre les vrais guérisseurs et les charlatans existe réellement.

COMMENT SE PROTÉGER ET POURQUOI

Pour savoir comment se protéger, il faut déjà savoir contre quoi on veut se protéger. Cette protection peut s'apparenter au choix de vêtements que nous faisons chaque matin. S'il fait froid, nous cumulerons les couches d'habits. S'il fait chaud, notre choix s'orientera plutôt vers une tenue légère. Avant d'effectuer un travail en guérison c'est la même chose, on peut au gré de nos besoins enlever ou rajouter des couches de protection sur notre champ vital. Il n'y a pas de formules universelles, uniquement des bases que l'on agrémente en fonction de nos besoins personnels et momentanés. Ce qui est confortable pour nous ne l'est pas forcément pour tout le monde. Au même titre qu'une protection utilisée aujourd'hui ne sera peut-être plus suffisante ou trop forte demain. La seule base, importante et impérative, est de visualiser tout son corps dans une bulle blanche enveloppante que l'on peut agrandir à souhait.

Une fois que cette bulle est bien grande et en place on peut très bien compléter cette protection soit en rajoutant une protection supplémentaire à l'extérieur :

- En plomb pour une très haute protection : ne laisse rien entrer dans notre champ vital. Ne pas oublier de l'enlever quand elle devient inutile car elle est tellement imperméable que même le positif ne peut pas traverser cette couche. En cas d'oubli, elle va se dissiper avec le temps.

- Des miroirs pour renvoyer à l'expéditeur toutes formes de négativités (pensées, paroles, actes).

- De la couleur rose pour se protéger contre la négativité. Elle ne laissera passer que l'amour et le positif.

Il est tout à fait possible de juxtaposer ces couches.

Soit on peut compléter cette base qu'est la bulle blanche en se servant d'huiles essentielles :

- Une goutte d'huile essentielle de géranium ou de fenouil (entre autres), sur le dos des mains permet de repousser différentes négativités.

Ou alors à l'aide de pierres :

- La tourmaline noire, pour ne citer qu'elle, apporte une protection efficace contre les charges énergétiques négatives.

Voilà quelques possibilités de protections que nous pouvons tous utiliser au quotidien. À vous de sentir ce qu'il vous faudra pour faire face aux personnes que vous devez rencontrer ou aux émotions que vous vivez.

Comme nous le disions plus haut, tout le monde dégage de l'énergie. Ce champ n'ayant pas la même vibration d'une personne à l'autre, il est important de parler ici du taux vibratoire. Notre ouverture spirituelle détermine notre taux vibratoire et nos capacités. Cela fonctionne de manière exponentielle. Plus nous progressons sur notre chemin d'éveil, plus nous augmentons nos vibrations. Il n'est pas qualitatif, mais permet juste de situer le niveau de conscience, qui est donc différent chez chaque personne. Certains ont de grandes facilités dans le domaine de l'ésotérisme puisque leur taux est passablement élevé.

Que se passe-t-il quand deux taux vibratoires différents se rencontrent ? Le plus bas va, de manière inconsciente, puiser ce qui lui manque chez le plus élevé. En partant, il sera rechargé et plein d'entrain alors que celui qui était le plus élevé se sentira fatigué. Après quelques heures, tout sera redevenu à la normale parce que le plus bas n'a pas les capacités de garder cette énergie et le plus élevé se sera rechargé par lui-même ou par différentes techniques. En allant puiser ce qu'il nous manque ou en se laissant voler, de manière inconsciente toujours, nous jouons aux « montagnes russes » avec notre vitalité.

Vous avez tous, certainement, déjà constaté votre état de fatigue et nerveux en sortant d'une grande surface. Sans une protection adéquate, on ressent souvent ces symptômes : fatigue, nervosité, maux de tête et parfois même nausée. Quand cela arrive, c'est que votre champ vital s'est complètement amenuisé et votre corps physique vous appelle au secours.

Vous comprendrez sans peine qu'il est beaucoup plus agréable d'être protégé lors de ce genre de sortie. Cela s'applique dans tous les cas de figure où vous avez contact avec des gens mais aussi avec certains lieux où l'énergie est inconfortable pour vous. Posez-vous la question « Me suis-je bien protégé ? » lorsque vous sentez qu'après un simple téléphone, ou après être entré dans un lieu, même familier, votre vitalité vous fait défaut. Soyez donc à l'écoute de ce que votre corps et vos ressentis vous disent et adaptez la protection en conséquence. Il n'est pas rare au début, quand on vient juste de prendre conscience de ce mécanisme, d'oublier de se protéger. Mais rapidement, pour ne plus subir, nous incluons ce rituel dans notre hygiène de vie.

Si vous sentez une perturbation physique ou émotionnelle, rétablissez rapidement la situation en vous nettoyant et en vous rééquilibrant. Voici quelques petites solutions pour y arriver :

- Le lavage des mains et des avants-bras, jusqu'aux coudes, avec de l'eau froide.
- La formule de nettoyage que nous pouvons créer en demandant que toutes négativités (paroles, pensées et actes) soient purifiées et dissoutes. Cette formule ne sera applicable qu'à nous seul !
- Le centrage en puisant l'énergie de la terre et celle de l'univers : exercice de « l'arbre » expliqué plus haut.
- La nature dans laquelle nous pouvons nous ressourcer ; les arbres contre lesquels nous pouvons nous coller pour nous recharger.

Ces procédés pour se protéger et se nettoyer sont aussi intimes que la manière dont vous prenez votre douche !

LA RÉMUNÉRATION

La plupart des guérisseurs qui reçoivent chez eux où dans un lieu dévoué à leurs pratiques demandent à être payés. Il faut bien comprendre que l'exercice du magnétisme requiert une préparation avant de recevoir une personne. Après la séance, un « nettoyage » du guérisseur est important. Au total, pour nous, cela représente facilement deux heures. Nous sommes deux ; donc plus de quatre heures de travail effectif.

Nous avons déjà entendu : « Vous avez déjà la chance d'avoir ce don, il ne faudrait pas qu'en plus vous soyez payées ! »

Que faire ? Est-ce que les guérisseurs sont censés être des ermites installés sur le flanc des montagnes qui se nourrissent de ce que leur apportent les villageois ? Nous ne le croyons pas ! À un moment le guérisseur doit faire un choix :

- Soit travailler pour gagner sa vie et pratiquer le magnétisme en dehors de ces heures professionnelles. Cette option va rapidement l'épuiser et l'empêcher d'avoir une vie de famille normale. Sans compter que le temps d'attente des rendez-vous va s'allonger selon l'ampleur que va prendre sa notoriété.

- Soit il décide d'en faire son métier pour pouvoir recevoir plus de personnes en demande d'aide. Et là, il n'a que le choix de se faire payer pour subvenir à ses besoins.

Qu'en est-il du comptable qui a le don des chiffres ? Ne se fait-il pas payer pour exercer son métier ? Et les infirmières à qui on dit pourtant qu'elles exercent par vocation ? Bien sûr, ces gens-là ont suivi une formation mais la plupart des guérisseurs ont dû, eux aussi, apprendre à utiliser leurs dons. Peu se réveillent un matin avec de nouvelles capacités exploitables immédiatement.

Pour notre part, nous avons décidé, avec l'accroissement des rendez-vous, de laisser notre travail de côté afin d'avoir plus de temps pour les séances et les secrets. Effectivement le cumul de notre métier, de notre vie de famille, du magnétisme et des secrets dans une même journée nous a rapidement éreintées. Sans compter que ce n'est pas quelque chose que l'on peut pratiquer à la légère mais qui, bien au contraire, exige beaucoup d'implication. Voilà pourquoi cette décision s'est présentée comme une évidence. Nous nous faisons, depuis, rétribuer pour les séances. En revanche, la pratique des secrets est restée gratuite.

LE CHEMIN D'ÉVEIL

Nous ne pensons pas que chaque guérisseur poursuive forcément un chemin d'évolution personnel. Certains reçoivent un don et le pratiquent sans trop se poser de questions. Chacun appréhende cela à sa manière.

Pour nous, le besoin de comprendre d'où cela vient est essentiel. Les premières réponses ont ouvert de nouvelles portes qui ont généré les questions suivantes, qui à leur tour ont donné des réponses engendrant de nouvelles portes, etc. C'est comme un escalier sans fin que nous gravissons : la hauteur de la marche représente le temps que nous prenons pour découvrir de nouvelles choses et pour les expérimenter, et le giron représente le temps qui nous est nécessaire pour l'intégrer. Cela fait, nous passons à une nouvelle marche.

Voici **les différentes étapes** par lesquelles nous passons tous en suivant un chemin de développement personnel.

Tout part des propres expériences de chacun :

- Nous prenons conscience de nos ressentis face à des situations ou personnes et les analysons.
- Nous faisons preuve d'intuition qui nous interpelle.
- Lors de décès parmi nos proches, nous sentons une présence, de l'amour, avec le sentiment que ce n'est pas une fin.
- Nous avons le sentiment de n'être jamais seuls, d'être guidés.
- Le monde spirituel n'a de cesse de nous montrer des preuves qu'il y a quelque chose d'autre que notre vie bien matérielle ; pour nous faire réagir.

Après avoir été si bien « bousculés » nous avons besoin de comprendre et allons donc chercher des réponses :

- Nous faisons de la méditation pour nous centrer et être mieux à l'écoute.
- Certains cours nous attirent et nous permettent de rencontrer des gens avec qui nous pouvons échanger.
- Les lectures spirituelles et ésotériques nous passionnent.

Avec tout ce que nous apprenons, nous évoluons, nos taux vibratoires augmentent, et nous avançons sur ce chemin :

- Nous sommes très enthousiastes à cette idée.
- Pour continuer de progresser nous pratiquons, pratiquons, pratiquons ce que nous avons appris.
- L'impatience s'installe ; chaque fois que nous assimilons une chose nous en découvrons une autre (dans l'impatience, il y a toujours un élément de colère).

Nous sommes enchantés de toutes ces découvertes et nous avons le sentiment d'avoir accès à quelque chose d'élitiste. Nous voulons en parler, le partager, faire savoir à tout le monde ce que nous avons découvert et surtout ce que nous savons faire !

Attention, c'est à ce moment-là que l'ego est bien réveillé !

Dès qu'on pense qu'on y est arrivé, qu'on a été « choisi », le monde spirituel se charge de nous « retirer le tapis sous les pieds » ! Cela nous donne l'impression que tout ralentit, qu'il ne se passe plus rien de nouveau, et même que nous avons régressé. Toutes nos belles certitudes s'envolent. Et quand enfin on s'est calmé et qu'on a réussi à dompter une part de notre ego, nous pouvons recommencer au début, en refaisant des expériences, en retournant chercher des réponses, etc.

Il ne faut pas être pressé, le chemin est long. Il faut s'appliquer à :

- Lâcher prise sur ce qu'on a accumulé dans le passé afin d'être léger dans l'avenir.
- Oublier le négatif, mais se souvenir de ce qu'il nous a appris.
- Ne pas avoir de regrets.
- Accepter de ne pas tout comprendre.
- Voir ses capacités avec lucidité.
- Évaluer son chemin avec recul et honnêteté.
- Voir son ego.
- Avoir sa propre direction avec ce qui nous semble juste.

- Être honnête avec soi-même et avec les autres autour de nous.
- Ne pas se comparer aux autres.
- Accepter qu'on ne peut pas changer la manière dont les autres nous voient et qu'on ne peut pas tout contrôler.
- Admettre que personne n'est responsable de notre bonheur, à part nous-mêmes.
- Pardonner ; cela ne veut pas dire excuser l'autre, mais se libérer soi-même.
- Exprimer de la gratitude car tout viendra à nous.
- Apporter de l'amour pur, non mélangé d'attente ou d'imagination, sans s'agripper, sans juger, sans envahir, sans insistance, sans culpabilité, sans blâmer.
- Aimer les personnes qui ne nous plaisent pas car tant que nous nous sentons perturbés par leur comportement et que notre paix intérieure en est affectée, c'est que quelque chose n'est pas réglé en nous.
- Etc.

Et surtout faire de son mieux et l'accepter ainsi !

Les règles d'or à méditer :

- Je respecte mon corps.

- Je puise la force en moi.
- Je me distancie des événements.
- Je ne réagis à rien de façon personnelle.
- Je n'ai pas de préjugés.
- Je ne fais aucune supposition.
- Je vis au présent.
- J'accepte les autres tels qu'ils sont.
- J'ai une parole impeccable.
- Je considère la mort comme faisant partie de la vie.
- Je fais toujours de mon mieux.
- Je m'aime.

Le modèle des **sept niveaux de conscience** de Richard Barrett[10] :

Celui-ci s'applique aussi bien, dans les domaines de la société, des affaires, des ONG que de la spiritualité.

[10] Écrivain et conférencier britannique, dont les commentaires portent sur l'évolution des valeurs humaines dans le monde des affaires et dans la société.

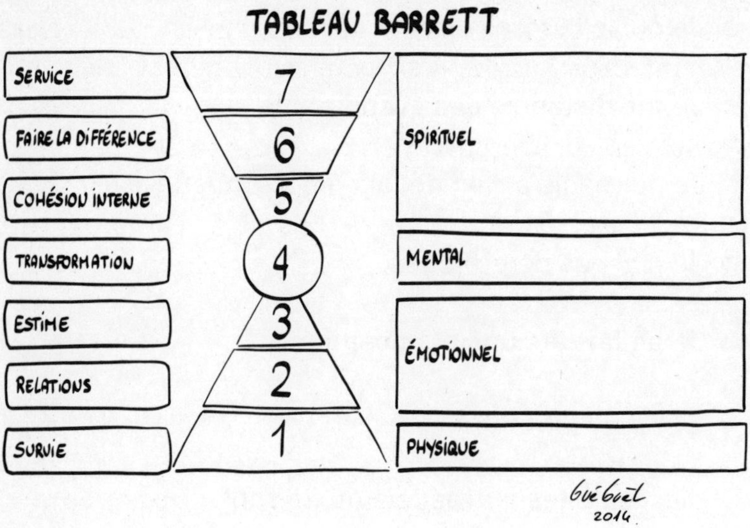

Les sept niveaux d'évolution spirituelle développés selon ce modèle :

Durant nos multiples incarnations terrestres, nous assimilons un nombre incalculable d'expériences tant au niveau physique, émotionnel que mental. Nous nous en servons pour nous alléger et ouvrir notre conscience. Plus nous progressons sur la voie de l'évolution spirituelle et plus notre taux vibratoire augmente, ce qui fait que nous passons d'un niveau de conscience à un autre, qui lui est supérieur.

On a tendance à penser que lors d'une incarnation, une âme le fera toujours dans un corps physique, émotionnel et mental conforme à son niveau d'évolution découlant de ses expériences antérieures. Mais ne nous fions pas aux apparences ! Il arrive que ceux que nous appelons « des vieilles âmes » avec d'énormes bagages décident de revenir dans un corps amoindri. Cela pour, peut-être, assimiler encore et plus vite en choisissant des handicaps lourds. Il se peut aussi que ce soit pour donner une opportunité aux personnes qui les entourent d'évoluer plus rapidement en les « bousculant ».

Ces sept niveaux ne servent pas à se comparer aux autres mais à prendre conscience du chemin qu'il nous reste à parcourir.

- Premier niveau

  Individus primaires et instinctifs ne fonctionnant que sur des besoins de base qui sont : manger, dormir, accumuler des biens, assouvir son appétit sexuel.

  Ils sont persuadés que la mort est une fin.

- Deuxième niveau

  Personnes agissant comme « tout le monde ». Les biens matériels sont très importants et leur permettent de se jauger par rapport aux autres.

  Elles ne pensent pas par elles-mêmes et se fondent dans la masse. L'appartenance est importante.

  Elles veulent bien croire à un Dieu au cas où !

- Troisième niveau

  Constitué par les gens qui ont développé une forme de conscience individualisée, ce qui leur donne un net avantage sur ceux du deuxième niveau sur qui ils essaient de prendre le pouvoir. Ils cherchent à se démarquer mais continuent quand même à accumuler des biens matériels, bien qu'ils leur accordent moins d'importance.

Ils croient en un Dieu.

- Quatrième niveau

Ceux qui se trouvent dans ce niveau ont vécu une ouverture du cœur. Cette transformation les ouvre à une vraie spiritualité. Les biens matériels ont peu d'importance, ils préfèrent se concentrer sur leurs capacités extrasensorielles.

Ils se tournent vers les autres.

- Cinquième niveau

À ce stade, la spiritualité a pris beaucoup d'importance et les capacités extrasensorielles sont très développées. Au point de pouvoir se mettre au service du monde spirituel afin de transférer de l'énergie et de l'amour aux autres.

Ces personnes ne renient pas les biens matériels mais s'en préoccupent peu.

Elles peuvent guider les autres sur un chemin d'éveil.

- Sixième niveau

Les êtres de ce niveau ont lâché prise sur le matériel, les contraintes et les émotions.

Ils sont connectés avec le monde spirituel et sont incompris par la majorité des niveaux inférieurs.

- Septième niveau

  Le plus élevé de l'évolution humaine.

  Les personnes se trouvant ici sont rares.

  Elles sont !

TÉMOIGNAGES

« J'ai envie d'intituler ma rencontre avec Fabienne et Françoise :

« Renouveau »

Contactées au début par téléphone pour de grave problème de santé, les voix de Fabienne et de Françoise se sont avérées chaleureuses.

Ensuite par les séances à leur cabinet de consultation, je me suis sentie tout de suite transportée vers le bien-être. Une force inexplicable se développe de ces personnes, et ainsi transmise au patient cela devient un havre de paix, et aide quotidiennement à avancer dans la vie de manière paisible.

Au fil des jours (tous les jours), il est agréable de s'affirmer, prendre ou reprendre confiance en soi, s'aimer et penser que l'on est une personne de valeur. Lâcher les futilités de la vie, prendre l'essentiel (pas toujours évident au niveau professionnel).

Prendre un instant dans sa journée pour se remémorer les séances avec Fabienne et Françoise devient un rituel presque normal.

Que du bonheur ! »

Ginette

« Je suis arrivée à l'Atelier Shanti après avoir longuement et sans succès essayé de soigner d'importants problèmes de peau survenus suite à un violent choc émotionnel.

Dès la première séance, Fabienne et Françoise m'ont amenée à mettre en lumière toutes les émotions refoulées, les colères étouffées, les sentiments non exprimés. La démarche n'est pas facile mais elle est tellement enrichissante. Même si je dois traverser des périodes éprouvantes durant lesquelles tout est continuellement remis en question, le calme et la paix qui s'ensuivent en valent largement la peine.

Mes problèmes de santé ont presque totalement disparu, mais je retourne régulièrement auprès de Fabienne et Françoise tellement les moments passés avec elles sont importants et enrichissants pour moi. »

Béatrice

LE MAGNÉTISME

Tout est composé d'énergie et interagit constamment avec son environnement en émettant un rayonnement d'énergie vitale. Ce rayonnement est présent en toute chose. C'est un mélange entre l'énergie tellurique (qui vient de la terre) et l'énergie cosmique (qui vient du ciel). Il forme un cocon souple autour de la matière. Il est lié à elle et l'accompagne en permanence dans ses déplacements. Ce cocon est appelé champ vital, champ éthérique ou aura.

Cette anatomie subtile est une réalité, elle était connue par les civilisations anciennes. On retrouve des écrits ou schémas venant des Celtes, des Mayas, des Égyptiens, des peuples d'Asie, etc.

Nous n'allons pas ici rentrer dans les détails du fonctionnement des corps énergétiques mais uniquement poser les bases utiles pour la compréhension de la suite.

Chez l'être humain, l'aura est constituée de sept corps subtils. Ils s'imbriquent les uns dans les autres à la façon de pelures d'oignons (voir dessin de l'aura dans le chapitre « Les Dons »).

- **Le corps physique** : notre véhicule terrestre composé de cellules.

- **Le corps éthérique** : il épouse exactement la forme du corps physique, comme un gant d'une épaisseur de 2 à 3 cm. Il fait le lien entre la matière et l'énergie en faisant descendre dans le corps physique la vitalité et la conscience des niveaux supérieurs et en transmettant aux autres couches l'illustration des contacts corporels.

- **Le corps émotionnel ou astral** : comme son nom l'indique, il est lié aux émotions et aux sentiments que nous éprouvons.

- **Le corps mental** : c'est le siège de la pensée, du raisonnement. Il est l'intermédiaire entre le monde de la matière et le monde spirituel.

- **Le corps causal** : il porte l'empreinte de toutes nos relations humaines et amoureuses et représente la mémoire de tous les enseignements acquis dans le courant de notre vie.

- **Le corps spirituel** : c'est la conscience d'être unifié, en lien avec tout ce qui existe.

- **Le corps divin** : il nous permet de faire un avec le monde spirituel. C'est celui qui est le plus fluide et qui a la plus haute vibration.

Ces couches interagissent ensemble et ont chacune leur densité propre.

La dimension de l'aura, sa masse ainsi que son mélange de couleurs, est très différente d'une personne à l'autre. Elle est complètement liée à notre santé physique et émotionnelle, à notre hygiène de vie, à notre niveau d'évolution spirituel. Notre environnement a également une influence sur notre champ vital. Si nous approchons d'un phénomène ; qu'il soit cosmique, tellurique, électrique ou autre, notre champ éthérique va réagir en augmentant ou en diminuant selon la nature de celui-ci. C'est la raison pour laquelle il est possible de se servir de son champ vital comme d'un outil de référence.

Un champ énergétique fort protège des agressions extérieures.

Ces sept couches sont associées aux sept chakras principaux répartis sur la hauteur du corps (voir dessin des chakras dans le chapitre « Les Dons »).

- **Chakra couronne** : **violet/blanc** : lié à la spiritualité, relié à la source.
- **Chakra du troisième œil** : **indigo** : lié à l'intuition et à la médiumnité.
- **Chakra de la gorge** : **bleu** : lié à la communication.
- **Chakra du cœur** : **vert** : lié à l'amour et à l'amitié.
- **Chakra du plexus solaire** : **jaune** : lié à l'estime de soi, aux émotions et aux peurs.

- **Chakra sacré : orange** : lié à l'affectif et à la sexualité.

- **Chakra racine : rouge** : lié à la sécurité au matériel, relié à la terre.

Le mot chakra signifie « roue » en sanskrit (langue des textes religieux hindous).

Les chakras sont des centres d'énergie en forme de doubles cônes dont les évasements vont vers l'avant et vers l'arrière. Ils sont placés le long d'un canal d'énergie appelé kundalini qui traverse tout notre corps verticalement. Ce canal central relie la terre et le ciel en parcourant la colonne vertébrale.

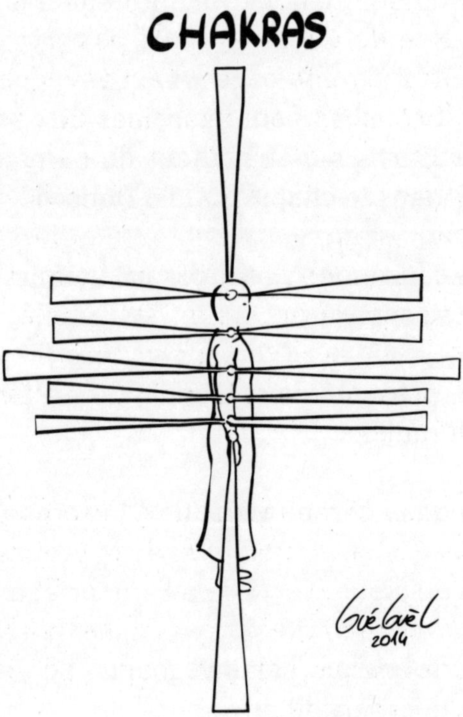

La kundalini, les chakras et l'aura interagissent constamment. Ils réagissent sans cesse à tout changement, que ce soit environnemental, émotionnel, physique. Ils s'adaptent et se développent selon la croissance de notre niveau de conscience et les modifications vibratoires de la terre.

Nous nous trouvons actuellement dans des périodes de grands bouleversements énergétiques terrestres. L'être humain doit s'ajuster en permanence à cette évolution. C'est pour cela que les connaissances dans ce domaine évoluent également sans cesse.

LE MAGNÉTISME DE GUÉRISON

Le magnétisme de guérison n'est pas un pouvoir surnaturel, contrairement à ce que l'on pourrait croire, c'est justement un phénomène naturel dont la réalité n'est plus à prouver. Nous trouvons, dans le Livre des morts de l'Égypte antique datant du troisième millénaire avant notre ère, des écrits relatant la pratique du magnétisme. Ces connaissances ont traversé les âges ; le médecin suisse Paracelse au XVIe siècle, le médecin allemand Mesmer au XVIIIe, pour ne citer qu'eux, ont défendu ces préceptes au risque d'être attaqués par la faculté de médecine.

De nos jours, le magnétisme est exercé par les guérisseurs. Il existe deux manières de le pratiquer :

- **Le magnétisme humain** qui consiste à transmettre sa propre énergie par ses mains, ses yeux ou son souffle au demandeur.

- **Le magnétisme spirituel**, que l'on peut aussi appeler l'énergétique ou la transe-guérison. Dans ce cas, l'énergie qui est transmise n'est pas celle du guérisseur mais directement l'énergie venant de la source. Elle est beaucoup plus concentrée et intense étant donné qu'elle est pure.

Voici un exemple pour bien faire la différence entre les deux sortes de magnétisme :

- **Magnétisme humain** = courant électrique 240 volts.

- **Magnétisme spirituel** = courant électrique 380 volts et bien plus encore.

Il est bon de rappeler que, quoi qu'il en soit, il faut bien être conscient que ce n'est pas le guérisseur qui soigne, il est seulement un intermédiaire au service du monde spirituel.

Notre intervention de magnétiseur devient nécessaire lorsqu'une personne se retrouve avec des douleurs, tant physiques qu'émotionnelles. Nous nous sommes aperçues qu'il n'y a pas de liste exhaustive de ce que l'on peut soigner ou pas par le magnétisme. On peut avoir de très bons résultats sur des problématiques qu'on pensait trop difficiles et parfois ça ne fonctionne pas sur des choses qu'on traite habituellement avec succès. Nous avons accepté le fait que nous n'avons aucun pouvoir là-dessus et que nous devons toujours essayer. Ce qui va en découler ne nous appartient pas !

Le magnétisme est un bon complément qui est compatible avec tous les traitements mais il ne remplace pas un acte médical. Les médecins traitent le corps physique. Nous ne remettons nullement en doute les traitements qui auraient été prescrits. Les magnétiseurs travaillent sur l'énergétique et l'émotionnel. Et en aucun cas, ils ne doivent dire à une personne d'arrêter son traitement médical sans l'avis d'un médecin.

Dans le cas d'une opération, le chirurgien coupe le corps physique, fait ce qu'il a à faire, puis referme la plaie. Que deviennent les corps énergétiques ? Ils ont, eux aussi, été coupés. Qui referme ces plaies ? Peu de personnes savent même qu'elles existent. Elles sont pourtant bien là ! La complémentarité entre les médecins et les magnétiseurs est alors très importante afin de réinstaller, sur tous les plans, une bonne circulation des fluides et réharmoniser ce corps meurtri dans toute sa globalité.

Nous recevons fréquemment des gens chez qui nous constatons que l'énergie est coupée, comme si la partie supérieure du corps n'était plus liée, au niveau énergétique, à la partie inférieure. Cela est très révélateur d'une intervention chirurgicale. Il n'est jamais trop tard pour remédier à cet état.

Heureusement, les mentalités évoluent et une alliance est de plus en plus possible. Aux États-Unis, dans certains hôpitaux, les magnétiseurs font partie du personnel médical. À chaque opération, un guérisseur est présent dans la salle et cela ne peut qu'être bénéfique pour les patients. Enfin, les corps sont appréhendés et pris en charge dans leur globalité. Quand aurons-nous cette chance en Suisse ?

Un magnétiseur qui a «la tête sur les épaules» n'aura pas la prétention de guérir le cancer ou d'autres maladies graves. Nous vous mettons d'ailleurs en garde contre toute personne qui vous promettrait ce genre de réussite ou qui vous dirait d'arrêter vos suivis médicaux. Nous pouvons soulager, aider, soigner, contribuer à améliorer le bien-être, mais en aucun cas nous ne garantissons une guérison. Bien sûr, nous travaillons dans ce but et quand elle se produit nous sommes enchantées.

Après avoir reçu un soin par magnétisme, nous vous conseillons de :

- Boire beaucoup d'eau dans le reste de la journée, cela afin de drainer l'organisme. Cette eau va emporter avec elle ce que l'énergie a nettoyé et débloqué.

- Vous reposer. En effet, il est courant de se sentir las et comme le traitement va continuer un certain temps, il serait dommage de ne pas en profiter pleinement.

- Laisser sortir les émotions qui vont demander à être évacuées, que ce soit de la colère, de la tristesse ou autres. Accueillez-les simplement, il n'est même pas nécessaire de les analyser. Ce sont des libérations d'anciens blocages.

- Être patient. Il se peut que les symptômes physiques ou les douleurs pour lesquels vous avez demandé une guérison se décuplent dans les jours qui suivent avant de s'apaiser. Votre corps a compensé depuis longtemps le dérèglement auquel il devait faire face, il lui faudra un peu de temps pour s'adapter à ces changements.

Quant au magnétiseur, il est essentiel pour lui de se protéger, de se nettoyer après avoir donné un soin et d'effectuer ensuite un rééquilibrage. Pour ce faire vous pouvez vous référer au chapitre « Les Dons ».

LE MAGNÉTISME HUMAIN

Le magnétiseur passe ses mains à 5-10 cm du corps d'une personne et ressent les blocages énergétiques et les endroits qui tirent plus d'énergie. Il peut sentir des picotements dans les doigts, de la chaleur, du froid, une sorte de résistance, c'est à lui d'interpréter ses sensations. Il va aussi contrôler l'état d'ouverture des chakras. Pour se faire il se sert de ses mains, de ses yeux ou d'un pendule. Cet outil fait office d'amplificateur en captant l'énergie. Son mouvement va indiquer l'état du centre de force.

- S'il décrit un cercle tournant dans le sens des aiguilles d'une montre, il indique l'ouverture donc l'équilibre. Plus le cercle est grand, plus il y a d'énergie dégagée.

- S'il tourne dans le sens inverse ; il révèle une dysfonction liée à la zone correspondante en indiquant un déséquilibre.

- En marquant une barre horizontale, il décèle une coupure éthérique.

- Une barre verticale capte une faible implication.

- S'il plombe, il marque clairement un blocage.

L'utilisation du pendule demande des heures d'entraînement. Il est essentiel de vider sa tête de toutes idées préconçues afin de ne pas l'influencer.

Le guérisseur va ensuite, par l'imposition de ses mains, par ses yeux et son souffle, transmettre son propre influx nerveux, ou fluide vital, à la personne en demande.

C'est par l'intention que le processus s'enclenche. Le guérisseur doit avoir une idée très claire de ce qu'il veut faire ; c'est-à-dire apporter la guérison et ne pas se saboter en pensant : « Et si les choses se passaient mal ? Et si je faisais quelque chose de travers ? » Il doit se focaliser sur son envie de guérir. C'est la raison pour laquelle avant de commencer une séance, il est très important que le guérisseur fasse le vide dans son mental et qu'il mette de côté ses soucis personnels ou autres.

Le praticien n'a pas besoin de connaître les problèmes du patient en détail pour l'aider. Il va ressentir des impulsions à faire différentes choses, comme « balayer » le corps énergétique avec ses mains ou les placer sur un endroit particulier. Pour cela, il peut se servir de la paume de ses mains ou du bout de ses doigts (pouce, index, majeur rassemblé). Il lui suffit de se laisser guider en visualisant le résultat qu'il veut obtenir. Parfois, il lui arrive d'appliquer une main sur une zone en souffrance ou de se servir de son souffle pour calmer ou tonifier selon le besoin.

Les effets de ce transfert vont rapidement se faire sentir, la personne qui reçoit peut éprouver des sensations de :

- Chaleur
- Froid
- Fourmillements
- Picotements
- Engourdissement des membres
- Spasmes nerveux
- Douleurs passagères
- Lourdeur du corps
- Légèreté du corps

Il se peut que, pendant le travail, le guérisseur reçoive des informations par le biais de la clairvoyance, du clair-ressenti, de la clairaudience, ou même par la vision de couleurs. Celles-ci se réfèrent aux couleurs de guérison dont a besoin le patient.

La croyance dit que les magnétiseurs ont une main qui donne l'énergie et l'autre qui prend. Dans notre cas, cela s'alterne d'une à l'autre, et parfois les deux mains ont la même fonction.

Il est important de savoir qu'il existe le magnétisme chaud et le magnétisme froid. Selon le besoin de la personne ou de l'organe précis, l'énergie qui va sortir des mains peut-être chaude ou froide. Le chaud stimule et le froid décongestionne. Prenons l'exemple d'une inflammation musculaire. Dans ce cas, il est évident qu'il ne faut pas rajouter de la chaleur à cette blessure mais au contraire lui appliquer du froid. Le praticien n'a pas à réfléchir à cela, l'énergie fera les ajustements nécessaires.

Les guérisseurs qui travaillent plusieurs fois par jour de cette manière vont se sentir « vidés », fatigués à la fin de la journée. Ils ont transmis leur propre énergie, il est donc nécessaire qu'ils se « rechargent ». Pour ce faire, ils peuvent pratiquer de différentes manières :

- En faisant l'exercice de « l'arbre » expliqué dans le chapitre « Les Dons ».
- En allant dans la nature, qui est un excellent moyen de se ressourcer.
- En s'appuyant contre un arbre, qui va nous transmettre son énergie.
- En pratiquant la méditation, le yoga, etc.

Il existe toutes sortes de formations pour être magnétiseur. Ces formations vous apprendront les passes et les impositions avec l'ordre dans lequel les pratiquer. En ce qui nous concerne, nous préférons travailler à l'instinct en nous laissant porter. En abandonnant les protocoles, qui ne sont là que pour nous rassurer et donner à notre ego l'illusion de maîtriser, nous donnons l'opportunité à nos mains d'aller « toutes seules » là où cela est nécessaire en les laissant faire leur travail.

LE MAGNÉTISME SPIRITUEL OU TRANSE-GUÉRISON

Il est peut-être bon de préciser que lorsque l'on parle ici de transe-guérison, il ne s'agit pas de transe comme on peut le voir lors d'un rituel vaudou par exemple.

Cela consiste à se mettre pleinement au service du monde spirituel. Pour ce faire, le magnétiseur va se mettre en méditation profonde, et même en transe afin de faire le vide complet dans sa tête et permettre aux guérisseurs spirituels de s'approcher et déverser l'énergie de la source. Plus il sera profondément en transe, plus l'énergie qui le traversera sera dense. Il pourra être, ainsi, un parfait canal. Il fera office d'« adaptateur » entre le monde spirituel et la personne en demande de soin en redistribuant directement cette puissance.

Le praticien va passer d'un état de conscience normal à un état modifié qu'on appelle la transe profonde. Voici les différents niveaux :

- Mental normal
- Relaxation
- Méditation
- Inspiration = vision de couleurs
- Médiumnité = vision de personnes
- Transe = vision de choses

- Transe profonde = perte de la notion du temps et de l'espace : guérison par le monde spirituel

Contrairement au magnétisme humain, il n'est pas utile au guérisseur de se déplacer à des endroits précis du corps du patient. Il n'a même aucune raison de toucher la personne. En effet l'énergie ne va pas se limiter à sortir de ses mains, elle est tellement considérable qu'elle va émaner de tout son corps. En ce qui nous concerne nous posons quand même nos mains sur les épaules ou sur les chevilles, mais cela uniquement dans un but de créer un contact rassurant.

Le guérisseur qui pratique de cette manière perd la notion du temps et de l'espace. Il n'est plus dans la réflexion car il lâche totalement prise. Bien entendu, il bénéficie lui aussi de ce concentré d'énergie. Il se sent submergé par un courant enveloppant qui continue son chemin jusqu'au demandeur. Ces vagues bienveillantes remplissent et emportent complètement la personne qui bénéficie de ce soin ainsi que le « canal ».

Le patient peut ressentir les mêmes sensations que lors d'une séance de magnétisme humain si ce n'est cette impression d'être emmené dans un état de bien-être très profond qui le comble.

Ce transfert va durer le temps nécessaire aux guérisseurs spirituels pour terminer leur travail. Cela fait, ils vont se retirer et le guérisseur humain va revenir de sa transe.

En aucun cas le magnétiseur n'est « possédé » par le monde spirituel, tous deux adaptent simultanément leurs taux vibratoires afin de pouvoir se rejoindre. L'humain en élevant sa vibration et les êtres spirituels en baissant la leur.

Schématiquement :

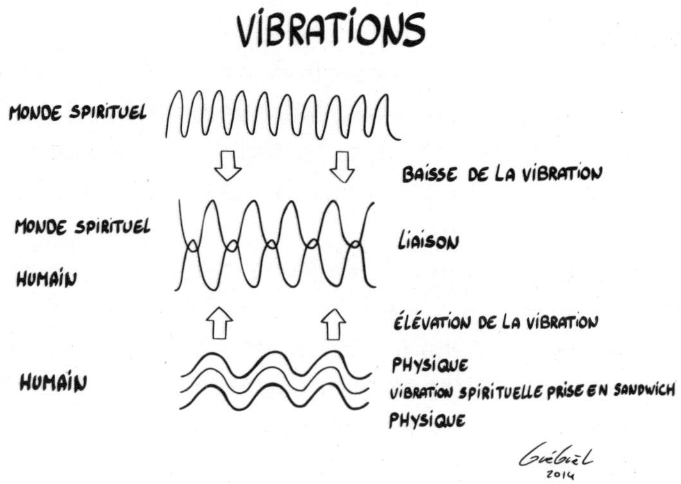

Les guérisseurs qui travaillent plusieurs fois par jour de cette manière doivent assimiler le changement d'énergie du cumul des séances. On pourrait comparer cela à des « montagnes russes ». En effet, le magnétiseur passe d'un état énergétique équilibré à un survoltage. Après le soin, ce trop-plein va se « vider », parfois un peu trop, ça va donc remonter jusqu'à retrouver l'équilibre nécessaire. Cela peut être désagréable pour un débutant qui risque de passer par des phases d'euphorie, puis de fatigue tant physique qu'émotionnelle, avant de se stabiliser. S'il le fait plusieurs fois par jour, il peut avoir de la peine à trouver le sommeil. Mais pas de crainte, ses corps vont réussir à intégrer ces variations.

LE MAGNÉTISME À DISTANCE

Tout comme pour les secrets, l'éloignement n'entre pas en ligne de compte. L'énergie s'apparente à des ondes, elles se déplacent de la même manière. Si vous écoutez une radio étrangère, vous allez entendre les changements de programmes presque aussitôt qu'ils se font dans le studio. De façon analogue, vous pouvez ressentir les bienfaits de l'énergie de guérison au moment même où nous travaillons sur vous. Il arrive régulièrement que des personnes ayant fait appel à nous arrivent à nous dire l'heure précise à laquelle nous avons travaillé sur elles.

Quant à ceux qui sont moins sensibles ou qui ne sont pas convaincus, il est arrivé qu'ils nous rappellent pour nous dire que ça ne fonctionne pas sur eux, qu'ils ne voient aucun effet et qu'il vaut mieux arrêter. Nous respectons bien entendu ce choix mais nous avouons que cela nous fait sourire quand ces mêmes personnes rappellent deux jours plus tard pour nous dire de recommencer, la douleur étant devenue insupportable depuis que nous avions cessé nos soins à distance.

En ne ressentant pas de contact concret, certaines personnes s'imaginent que cela ne peut pas être efficace. Elles pensent tout simplement que l'amélioration de leur état de santé découle d'une évolution normale des choses. Il suffit que nous arrêtions pour qu'elles puissent sentir la différence. Ceux à qui cela arrive deviennent ensuite de très bons partisans du magnétisme.

Pour pratiquer à distance, nous avons besoin des mêmes informations que pour les secrets : prénom, date de naissance, lieu d'habitation. Nous procédons ensuite de la même manière que lors d'une séance de magnétisme spirituel en présence du patient.

Nous avons déjà entendu parler de guérisseurs qui effectuent la guérison à distance de la même manière que pour une séance de magnétisme humain. Ils visualisent le patient sur leur table de massage et pratiquent les passes comme s'il était présent. Ils lui demandent simplement de se coucher et de se détendre, chez lui, à l'heure précise où il va travailler.

Nous préférons travailler en présence du demandeur, à notre atelier, quand cela est possible. Une session dure entre une heure et une heure trente pendant laquelle nous effectuons un travail complet et où nous pouvons détecter beaucoup plus de choses qu'à distance. Il est évident que lorsque le travail se fait à distance, nous ne pouvons pas prendre le même temps, ne serait-ce qu'à cause du nombre important de requêtes. À distance, nous nous concentrons uniquement sur le transfert d'énergie. Il faut aussi tenir compte qu'en se déplaçant, la personne s'implique dans sa guérison.

Dans le cas d'urgences, de soins répétitifs, de personnes hospitalisées ou dans l'impossibilité de se déplacer, nous travaillons à distance sans problème.

LE MAGNÉTISME TERRESTRE

Il est très important de prendre conscience de l'énergie qui émane de la planète terre et d'en tenir compte. Nous interagissons en permanence avec elle depuis notre premier jour de vie.

On retrouve, partout dans le monde, divers rites ou cultes dédiés à la Terre Nourricière. En Amérique du Sud, par exemple, depuis la nuit des temps, les hommes remercient la Terre Mère (Pachamama) en lui faisant des offrandes. Des vestiges datant entre autres des Mayas et des Celtes démontrent que les hommes de l'époque avaient déjà conscience de l'énergie de notre planète.

La terre a subi des changements majeurs au niveau de son quadrillage magnétique. Sa fréquence de résonance, que les physiciens connaissent sous le nom de résonances de Schumann, est en constante élévation depuis une trentaine d'années. Cette augmentation s'est accélérée de manière exponentielle selon la théorie de Gregg Braden, scientifique visionnaire. Ces dernières années, on a pu constater, plus qu'à la normale, de nombreuses catastrophes naturelles. Un de ces cataclysmes marquants fut le tsunami de Fukushima en 2011. Est-ce dû à ces changements ?

Les humains souffrent aussi passablement. Nous avons observé une recrudescence de maladies telles que cancer, burn-out, dépression, etc. En vivant sur cette terre, nous subissons directement les effets de ces changements énergétiques. Nous devons les assimiler et nous y adapter, ce qui provoque des modifications de notre bioénergie. Il peut en résulter des dérèglements physiques, mentaux ou émotionnels. Attention, nous ne disons pas que tous les maux des humains viennent de ces bouleversements, mais que nous devons en tenir compte. Les fatigues, migraines, troubles du sommeil, variations d'état d'esprit sont souvent provoqués par ces ajustements.

Même ceux qui ont pourtant conscience de tous ces phénomènes ont été passablement ébranlés. En ce qui nous concerne, toutes nos convictions, nos acquis ont été chamboulés. Nous avons été malmenées émotionnellement au point de nous sentir égarées. Nous avions perdu nos repères. Notre manière de travailler était devenue obsolète, il était primordial de faire des réajustements. Cela a pris du temps, nous avions le sentiment de ne pas avoir été assez à l'écoute. Même au niveau physique, nous sentions des dérèglements, des douleurs et des fatigues persistantes. Les seules informations que nous recevions étaient de faire confiance et de lâcher prise afin de ne pas se laisser emporter par des peurs. Cette grande remise en question douloureuse a été nécessaire pour vivre cette nouvelle énergie que nous offre la planète. En augmentant sa fréquence vibratoire, elle induit les humains à élever la leur afin d'atteindre la pleine conscience (voir les sept niveaux d'évolution spirituelle dans le chapitre « Les Dons »).

Pour faciliter l'intégration nous devrions :

- Régler les blocages par la prise de conscience et le nettoyage.
- Pardonner pour se libérer.
- Ne pas avoir de jugement.
- Diriger nos pensées vers le positif.
- Pratiquer la méditation, le yoga, etc.
- Nous reposer.

- Manger sainement.
- Nous ressourcer dans la nature.

Et surtout prendre acte que nous faisons partie d'un tout et que nous interagissons non seulement les uns avec les autres, mais aussi avec la terre et l'univers tout entier. Soyons donc respectueux de nous-mêmes, des autres, de notre environnement, de notre lieu de vie et de la planète qui nous accueille.

TÉMOIGNAGES

« Ma première séance de soin énergétique avec Françoise et Fabienne m'a littéralement transportée dans un univers de paix, de joie et d'amour en abondance.

Ce voile qui se pose sur vous et qui vous envoûte d'un amour si grand, si fort... je ne trouve simplement pas les mots pour dire combien c'est magnifique.

Il y a aussi cette sensation de faisceau de lumière blanche qui jaillit de leurs mains, là j'ai senti comme des frissons ou chatouillements dans mon corps. C'est difficile à expliquer car ce sont des ressentis nouveaux que je n'ai jamais éprouvés auparavant. Aussi, à la fin de la séance quand je me suis levée, j'ai eu des tremblements dans tout mon corps. Je ne pouvais pas les contrôler, il a fallu quelques minutes jusqu'à ce que tout redevienne calme. Mais après, je me suis sentie très bien et légère.

Les jours qui ont suivi le soin, j'étais très zen, décontractée et j'ai l'impression que ça se reflétait sur mon entourage.

Françoise et Fabienne m'ont vraiment sensibilisée à l'énergie universelle. Depuis, il m'arrive d'être envahie par cette énergie selon l'endroit où je me trouve ou selon les personnes que je rencontre. C'est impressionnant, c'est comme si j'avais de l'électricité qui circulait en moi.

Au fil des jours, j'apprends à accueillir ces nouvelles sensations si belles.

Je remercie Fabienne et Françoise de m'avoir transmis cette énergie et je remercie l'énergie universelle de faire dorénavant partie de ma vie.

Avec mon plus grand respect. »

Geneviève

« Ayant ressenti le besoin de faire un bout de chemin accompagné d'un ou une thérapeute, j'ai eu de la chance d'en trouver deux...

Dès le premier rendez-vous, j'ai senti que j'étais au bon endroit. Françoise et Fabienne fonctionnent avec une grande complémentarité.

Leur qualité d'écoute, leur respect, leur non-jugement ainsi que leur complicité évidente permettent de se sentir en sécurité et en confiance.

Après une séance, je me sens plus ancrée dans le présent, plus claire dans mes besoins immédiats et du chemin à parcourir pour y arriver.

Merci à vous deux. »

Monika

LES NETTOYAGES ÉNERGÉTIQUES DE LIEUX DE VIE

Pour vivre dans un foyer paisible et harmonieux dans lequel on peut se ressourcer, il faut prendre en compte plusieurs paramètres importants. Étant donné que nous interagissons les uns envers les autres et avec tout ce qui nous entoure en permanence, il faut considérer ce lieu dans sa globalité.

Ce qu'il faut prendre en considération :

- **La géobiologie**, qui recense bon nombre de phénomènes subtils ou non, émanant de la planète Terre et ayant une influence énergétique importante sur les êtres vivants: les nombreux réseaux telluriques, ainsi que les vortex, cheminées cosmo-telluriques, failles, veines d'eau et courants telluriques.

Il est par exemple quasi impossible d'avoir un sommeil sain et réparateur si notre lit est placé sur une cheminée cosmo-tellurique ou un ruisseau souterrain.

- **Les perturbations** des champs électriques ou électromagnétiques.
- **La mémoire des lieux de vie** qui imprègne les murs des habitations.
- **La mémoire de la terre** qui emmagasine tous les événements vécus.
- **Les égrégores négatifs**, qui sont des formes-pensées dégagées par les habitants actuels à la suite de contrariétés, disputes ou frustrations et qu'on laisse s'accumuler.
- **Les encombrements** du passé.
- Il se peut aussi que **les âmes des défunts ou des entités** perturbent l'équilibre actuel d'un lieu.

Ces causes peuvent, bien entendu, se cumuler.

Tous ces facteurs peuvent avoir des effets néfastes sur notre santé. Soyez donc attentifs à vos ressentis. Bien entendu, il ne s'agit pas d'épier le moindre symptôme mais de garder à l'esprit que les causes peuvent être multiples et variées.

Notre expérience nous a démontré qu'un assainissement de l'atmosphère, des énergies et des mémoires d'un lieu contribue à un équilibre harmonieux entre les habitants et leur foyer.

LA GÉOBIOLOGIE

Géo signifie « terre » et la biologie est l'étude de tout ce qui est vivant.

Le cosmos et la terre émettent des énergies appelées cosmo-telluriques (cosmo = ciel / tellurique = terre). Tous les organismes vivants, que ce soit les plantes, les animaux, les humains, sont sensibles à ces forces. Il ne s'agit pas ici de vous donner un développement complet sur ces études mais de citer les principaux phénomènes qui ont une influence sur nous.

Les réseaux telluriques sont nombreux. Voici les cinq principaux :

- Lignes Hartmann = Nickel
- Lignes Palm = Cuivre
- Lignes Peyré = Or
- Lignes Curry = Fer
- Lignes Wiessmann = Aluminium

Ils se présentent sous forme de grilles tridimensionnelles formant un quadrillage du globe terrestre. Chacun possède sa propre trame : épaisseur des bandes, largeur et longueur des mailles, et sens d'orientation. Les bandes s'alternent en passant d'une positive à une négative ce qui crée quatre sortes de croisements : ++ / -- / +- / -+.

Ces lignes de vie quadrillent notre planète depuis la nuit des temps et, pour qui sait s'en servir, elles peuvent être d'une grande utilité.

Nous savons que les chats aiment se coucher à l'endroit d'un nœud tellurique, les chiens préfèrent les espaces neutres, et les humains peuvent avoir des désagréments à dormir sur certains croisements.

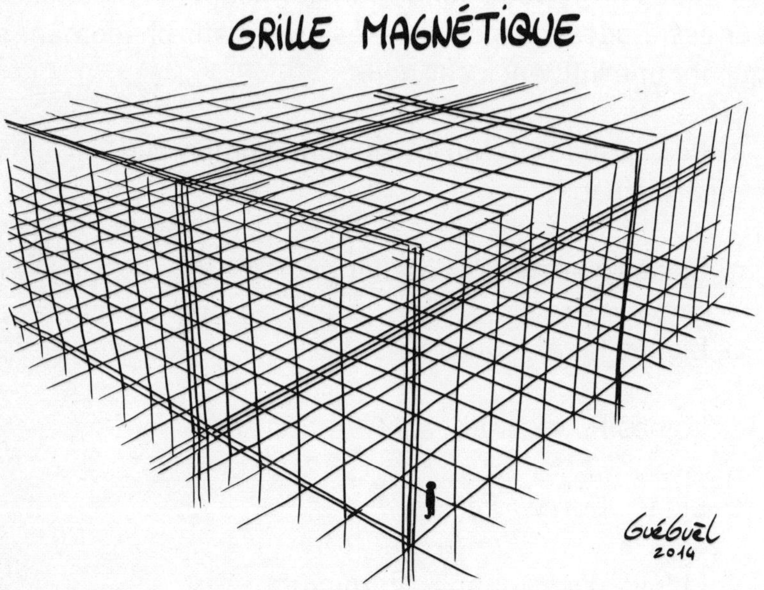

- **Les vortex** : formés de deux spirales reliées par un lien. Leur largeur dépend de leur puissance, et leur longueur peut aller jusqu'à quinze kilomètres. Leur énergie agit comme une grosse pile. Ils peuvent être positifs avec une colonne ascendante ou négatifs avec une colonne descendante. Les deux extrémités d'un vortex tournent toujours dans le même sens. Il est possible de les activer et les désactiver, voire même de les déplacer. Nous les trouvons surtout dans les anciens lieux de culte et dans les sites sacrés.

- **Les cheminées cosmo-telluriques** : système d'échange énergétique entre le cosmos et la terre. Leur rôle est de régulariser l'énergie naturelle de la planète par un effet de respiration qui se déroule en trois phases. Un temps de montée, un temps de latence et un temps de descente.

  Leur diamètre est très variable : il peut aller de quelques centimètres à plusieurs mètres, et leur hauteur peut être de plusieurs centaines de mètres répartis entre le sous-sol et le dessus de la surface terrestre. Peu importe le diamètre du centre, une cheminée possède des « bras » qui partent du cœur et qui ont toujours une énergie négative.

  Il existe deux types de cheminées cosmo-telluriques : les positives qui nous remplissent d'énergie et les négatives qui ont un effet pathogène car elles font baisser notre biochamp.

On peut rencontrer ces cheminées autant dans une maison que dans une forêt ou un lieu de culte. Il faut savoir qu'une cheminée cosmo-tellurique dans notre chambre provoque des troubles du sommeil, mais il est possible de la déplacer.

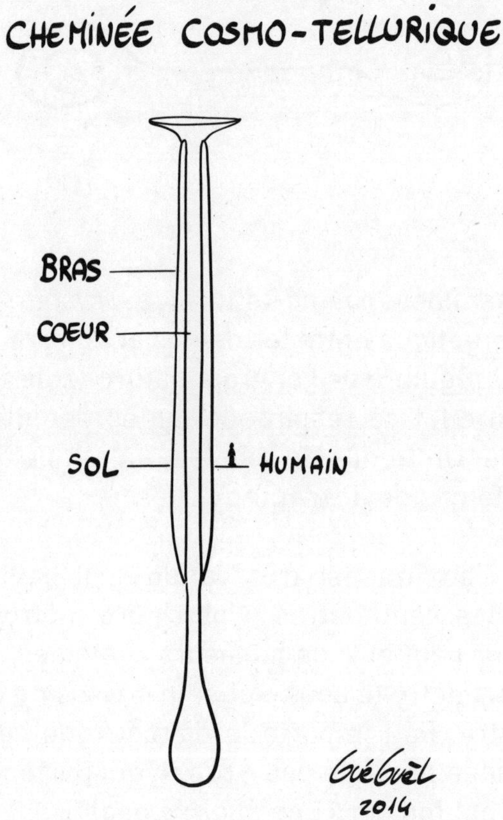

- **Les failles géologiques** : fissures dans le sol.

- **Les veines d'eau souterraines** sont très nombreuses. Il y a donc de fortes chances qu'il y en ait sous votre habitation, il faut juste éviter de placer son lit à l'endroit de son passage.

- **Les courants telluriques** : système nerveux de la terre. Nous pourrions comparer ce courant à une rivière qui entre et ressort de la terre, comme une vague. Les lieux de culte sont bâtis à l'endroit précis où cette vague éthérique sort du sol afin que son courant en redescendant nous décharge à la terre et nous ancre. Les premiers bâtisseurs d'églises connaissaient déjà les vertus de ce fabuleux phénomène qui prépare à l'introspection.

Si vous voulez faire une expertise géobiologique complète de votre domicile, nous vous conseillons de faire appel à une personne compétente dans ce domaine au risque de perturber ce qui ne devrait pas l'être.

LES PERTURBATIONS DES CHAMPS ÉLECTRIQUES OU ÉLECTROMAGNÉTIQUES

Nous vous conseillons, là aussi, de faire appel à un spécialiste si vous voulez procéder à une expertise complète de votre domicile. Mais voici déjà quelques petites choses auxquelles nous pouvons tous prendre garde :

- Les transformateurs d'halogène, ordinateurs, téléphones portables, etc., ont une arrivée électrique de 240V et passent par un transformateur de 12V seulement ; 228V se perdent donc dans notre environnement !

- Grand nombre de personnes utilisent leur téléphone portable comme réveil-matin et le mettent en charge chaque soir sur leur table de chevet. Imaginez ce que cet appareil, devenu anodin, dégage comme ondes néfastes durant toute la nuit à moins d'un mètre du cerveau !

- L'éclairage que l'on peut trouver dans une habitation ; il existe trois sortes de lampes les plus courantes : les halogènes qui ne sont pas nocives si elles fonctionnent sur du 240V et sans transformateur, les fluo compactes qui, elles, sont à déconseiller si elles sont allumées pour une courte durée, et les LED qui ne génèrent aucun désagrément.

LA MÉMOIRE DES LIEUX DE VIE

Il y a des maisons qui sont chargées en émotions lourdes du passé. Les murs gardent en mémoire les traumatismes des générations précédentes ou des anciens locataires, et sans savoir pourquoi, chaque fois que vous êtes dans ce lieu, un sentiment d'irritabilité, de fatigue se fait sentir alors qu'à l'extérieur vous êtes joyeux et en pleine forme.

LA MÉMOIRE DE LA TERRE

Certaines bâtisses sont construites sur un site empreint de mémoires anciennes, comme un cimetière révolu ou un lieu de culte ancestral. De la même manière que précédemment, chaque fois que vous êtes dans cet endroit, votre état d'esprit se modifie.

LES ÉGRÉGORES

Les égrégores sont des formes de pensées produites par plusieurs personnes ayant les mêmes désirs ou émotions. Il ne faut pas les confondre avec les mémoires ou les esprits d'un lieu. En effet, les pensées similaires et répétitives déversées par les gens s'agglutinent jusqu'à devenir une force autonome. En étant nourrie par un collectif, cette forme prend de la densité et devient perceptible. On pourrait même l'appeler : entité psychique.

Il suffit que les idées engendrées par les habitants d'un même endroit soient négatives pour que cet égrégore devienne oppressant au sein de ce lieu. Cette énergie émise reste active dans le temps et peut provoquer, à la longue, des troubles (perturbation du sommeil, fatigue, stress, baisse de la clientèle pour les lieux professionnels, etc.).

Un foyer est le reflet des gens qui y vivent ; sans vouloir parler de l'entretien ménager. Toutes les énergies positives et négatives que nous apportons à notre lieu de vie nous seront rendues par ce même lieu. En prendre soin est donc primordial.

Il ne faut pas peindre le diable sur la muraille en se disant : « Mon Dieu, il y a eu des tensions hier soir pendant le repas de famille, je vais me retrouver avec des égrégores dans tous les recoins ! » Ces moments font partie de la vie, il faut juste y être vigilant quand ils sont très répétitifs et que l'ambiance générale se dégrade de manière significative.

Notre maison ou appartement doit être un lieu où nous nous ressourçons. Un espace sain et apaisant qui s'entretient au niveau énergétique aussi, comme tout le reste !

La pensée n'échappe pas à la règle que tout est énergie. Un nettoyage énergétique permet de repartir sur de nouvelles bases.

Voici quelques techniques pour une purification :

- Effectuer une bonne aération régulière de son logis afin de permettre aux énergies lourdes de sortir.
- Brûler de l'encens purificateur. Bien aérer ensuite.
- Se servir d'un bol tibétain.
- Brûler de la sauge blanche. Bien aérer ensuite.
- Passer de la musique à hauts taux vibratoires.

Il en va de même pour notre lieu de travail. Tensions récurrentes et pesantes, baisse inexpliquée de la clientèle ou du chiffre d'affaires, blocage dans la finalisation de nouveaux contrats, etc. Il ne faut pas oublier les diverses causes subtiles, elles doivent être, elles aussi, prises en compte, tout comme les causes concrètes. Nous passons, pour la plupart d'entre nous, plus de temps sur notre lieu de travail qu'à notre domicile, c'est pourquoi l'environnement dans lequel nous évoluons doit être empreint d'énergies positives.

LES ENCOMBREMENTS DU PASSÉ

Les objets, souvenirs et bibelots du passé, que certains amassent à outrance, gardent les anciennes énergies et empêchent d'avancer. Ce stockage d'objets sans valeur encombre une maison et bloque la circulation de l'énergie. Nous ne vantons pas le style de décoration épurée mais il est important de rester dans une mesure non envahissante. Un cumul de vieux vêtements, d'appareils ménagers, de meubles qui servent à entasser diverses choses inutiles étouffe la vitalité d'une demeure.

LES ÂMES ET LES ENTITÉS

De notre point de vue, il y a une différence entre l'âme d'un être décédé et une entité. L'âme d'une personne qui a rejoint le monde spirituel peut revenir de temps en temps dans un lieu. Il n'y a aucune raison d'en avoir peur, elle n'est pas là pour nous déranger, et entrer en communication avec elle peut être très enrichissant. Une entité est une énergie négative qui vient du bas-astral et qui peut perturber l'équilibre d'un environnement.

DANS LA PRATIQUE

Quand on amorce un travail de nettoyage énergétique de lieu de vie, il est primordial de garder à l'esprit la diversité des causes possibles des désagréments.

Avant toute prise de rendez-vous, nous prenons les renseignements indispensables à notre travail.

Dans ce lieu :

- Comment dormez-vous ? Vos sommeils sont-ils réparateurs ?
- Ressentez-vous des symptômes physiques inhabituels ?
- Avez-vous la sensation d'être plus fatigué qu'ailleurs ?
- Vous sentez-vous triste ou mélancolique ?
- Appréhendez-vous d'y entrer, sans raison concrète ?
- Percevez-vous des courants chauds ou froids qui vous frôlent ?
- Avez-vous le sentiment d'être « suivi », de ne pas être seul même quand c'est le cas ?
- Quel est l'état de santé des habitants ?
- Vos animaux de compagnie ont-ils un comportement normal ?
- Vos amis se plaisent-ils ?
- Quelle est la qualité des rapports affectifs entre les habitants ?

- Et si c'est adéquat : depuis combien de temps tentez-vous de vendre votre maison ou appartement ?

Si notre intervention est appropriée, nous nous rendons sur place. Nous profitons du trajet pour nous « brancher » sur le lieu afin que les premières sensations nous indiquent le type de protection nécessaire (voir chapitre « Les Dons »).

Une fois arrivées, nous n'entrons jamais de suite, l'objectif est d'abord de s'imprégner de l'atmosphère de l'endroit ; nous nous mettons à son diapason en prenant acte de tous nos ressentis. Que ce soit ceux reçus lors de la prise de rendez-vous par téléphone et pendant le déplacement ainsi que toutes les indications subtiles se rajoutant sur place. Toutes ces informations arrivent de la même manière que lors d'un travail à l'atelier et sont généralement accompagnées de symptômes physiques ou émotionnels (tensions sur les épaules, barre dans le dos, estomac barbouillé, maux de tête, baisse de notre vitalité).

La personne qui nous reçoit peut ensuite nous faire visiter son habitation. Nous prenons le temps nécessaire dans chaque pièce en pratiquant de la même manière qu'à l'extérieur. Nous laissons venir les renseignements. Comme lors d'une séance, nous ne décidons pas par quel biais ils vont arriver : ce peut être par clairvoyance, clair-ressenti, clairaudience ou médiumnité. Cela se présente automatiquement et peut s'alterner ou se cumuler sans problème.

Il est très important de savoir faire la différence entre un dysfonctionnement énergétique provenant d'un vortex, d'une cheminée cosmo-tellurique, des murs, de la terre, des égrégores ou d'entités.

Nous vérifions toujours si ce que nous avons discerné individuellement se corrobore afin de travailler avec le plus de justesse possible et cela pour chaque pièce. Beaucoup de notes sont prises afin de ne rien oublier.

Cette première partie du travail effectuée, nous pouvons en rendre compte au mandataire. Nous remarquons souvent que la personne se montre rassurée que quelqu'un reconnaisse enfin son mal-être dans cet endroit et mette des mots sur ce qui le provoque.

Pour la deuxième partie du travail, nous demandons toujours aux habitants de quitter les lieux afin de les protéger des énergies lourdes que nous allons enlever.

Nous adaptons ce que nous allons faire dans chaque pièce selon ce que nous y avons « trouvé ». Il est évident que nous n'allons pas pratiquer de la même manière dans le cas d'une présence d'entité ou d'une cheminée cosmo-tellurique. « À chaque mal son remède » comme dit l'expression !

- Les cheminées cosmo-tellurique seront déplacées, si nécessaire.

- Les mémoires des murs et du sol, les égrégores, devront être nettoyés.

- Les entités seront libérées.

- Certaines particularités, par exemple les failles, les veines d'eau, nécessiteront la mise en place d'une protection éthérique.

En ce qui nous concerne, les nettoyages énergétiques de lieux de vie se basent surtout sur les dons que nous possédons, complétés par une formation en géobiologie. Quand cela s'avère nécessaire, nous utilisons le pendule ou les baguettes de sourcier afin de situer certains phénomènes. Les huiles essentielles de géranium et de fenouil ainsi que des préparations en spagyrie nous sont utiles pour dissiper les énergies lourdes. Certains encens, la sauge amérindienne, le camphre, nous servent à purifier et les bols chantants à réharmoniser.

Une fois toutes les énergies parasites enlevées, il nous reste à insuffler une nouvelle vitalité. Cette dynamique fera augmenter le taux vibratoire du lieu.

Nous demandons toujours un feedback dans les jours qui suivent notre intervention afin de connaître les changements que vit l'appartement ou l'entreprise ainsi que les habitants.

Les moyens de nettoyages énergétiques de lieux de vie sont vastes et variés et chaque praticien aura sa propre méthode.

DIVERSES SITUATIONS

Il nous est arrivé, lors de nettoyages énergétiques de lieux de vie, de devoir faire face à des énergies qui nous ont donné du fil à retordre !

- On se rappellera longtemps d'une jolie ferme dans un petit village paisible et bucolique où nous sommes intervenues. Nous y avions détecté, au centre du séjour, un ancien «passage», encore actif, pour les âmes des défunts. Cela perturbait la vie et surtout les nuits des habitants. Impossible pour cette famille de dormir correctement avec ce phénomène qui traversait la maison de bas en haut, du salon à la chambre. Les deux pièces où la famille était censée se ressourcer étaient tellement imprégnées de lourdeurs négatives que l'atmosphère y était pesante. La propriétaire nous a confirmé qu'à l'époque, le cimetière se trouvait derrière la maison. L'énergie dans ce lieu était tellement oppressante qu'elle nous donnait la nausée !

  Nous avons dû déplacer ce «passage» et nettoyer les mémoires négatives qui restaient coincées dans cette habitation.

  Pour terminer, nous y avons insufflé une nouvelle vitalité.

  À la suite de notre travail, tout est rentré dans l'ordre et les résidents ont passé des nuits paisibles.

- Voici une tout autre situation que nous avons rencontrée en nous rendant dans une très belle villa familiale. La propriétaire ne s'y sentait pas bien, avec la sensation d'être fatiguée en permanence, d'avoir perdu sa vitalité. Elle se sentait triste et n'avait plus envie de vivre dans cette maison. Il y avait même des tensions entre les habitants.

À la fin du travail de détection, nous avions seulement noté des mémoires de la terre mais celles-ci n'expliquaient pas, à elles seules, l'état d'abattement que ressentait cette personne. Il y avait cette énergie ambiante qui était très dense et pesante malgré le nettoyage des souvenirs du sol que nous avions fait.

Après avoir longuement parlé avec notre hôte, elle nous a avoué avoir rencontré beaucoup de problèmes lors de la construction. Pour elle, c'était le projet de sa vie et il s'était très mal passé du début à la fin. De gros dégâts sont survenus en cours de route et se sont rajoutés les uns aux autres. La petite famille n'a pas pu emménager dans les délais prévus et a vécu en location, ce qui a engendré des coûts supplémentaires. Ces désagréments ont duré plusieurs années et tout n'a pas pu être assaini. Ces défauts, bien qu'invisibles lors d'une simple visite, sont pourtant conséquents et font perdre à cette maison toute sa valeur, bien que la somme engagée pour rattraper au mieux les complications ait été considérable.

Cette personne vivait tous les jours avec des soucis financiers et l'impossibilité de se débarrasser de cette habitation devenue invendable. L'amertume, la colère et l'aversion qu'elle ressentait s'accumulaient tous les jours un peu plus dans ce lieu et rendaient l'atmosphère très lourde.

Dans ce cas, nous avons nettoyé ces égrégores, mais il était très important que cette propriétaire comprenne le mécanisme qui s'était mis en place. Par son dégoût, elle transmettait à son foyer une énergie très lourde qui lui était rendue en permanence.

Une telle situation fait qu'il est impossible de se ressourcer chez soi.

- Une maman qui avait vécu l'épreuve ultime de perdre un bébé nous a téléphoné. Mère de deux autres enfants, elle avait un fils cadet qui refusait de dormir, ce qui mouvementait les nuits de toute la famille. Cette personne culpabilisait en pensant qu'elle reportait son chagrin sur ce petit né après le drame. Nous avons donc rencontré le petit garçon et sa mère : rien de particulier n'était à noter si ce n'est une magnifique énergie.

  D'un commun accord, nous nous sommes alors rendues au domicile de la famille. Après avoir fait les premières investigations du lieu, nous avons ressenti, effectivement, la présence d'une petite âme dans la chambre du garçonnet. Ne voulant pas tirer de conclusions trop hâtives, en pensant qu'il s'agissait de son grand frère parti bien trop tôt, nous sommes entrées en contact avec cette âme. Nous avions la vision d'un enfant, mais sa description ne correspondait pas au bébé décédé.

  Nous en avons parlé à la maman, qui nous a appris que son mari avait perdu un jeune frère décédé enfant. Ce petit garçon avait été percuté par une voiture devant la maison familiale alors qu'il y jouait. Il était toujours là, dans son ancienne chambre, occupée maintenant par son neveu.

Nous avons donc aidé ce petit frère à rejoindre la lumière afin qu'il puisse être en paix. L'atmosphère de la pièce a alors radicalement changé, comme si tout devenait paisible et serein.

Ce jour-là, nous avons eu la confirmation qu'il ne faut jamais tirer de déductions trop rapidement car on ne connaît jamais les drames qu'endurent certaines familles.

Cette maman nous a téléphoné quelque temps plus tard pour nous dire que sa maisonnée avait retrouvé des nuits calmes et que, même si la douleur de la perte d'un enfant reste toujours vive, elle se sentait beaucoup plus apaisée.

TÉMOIGNAGES

« Depuis plusieurs années, vivre dans cette maison était devenu de plus en plus difficile. Mis à part les bruits de toutes sortes, par moments très forts, et de fortes odeurs, je me sentais toujours plus fatigué, plus envie de rien. J'étais dans un état de découragement permanent. J'étais comme collé au sol, je me sentais pris en otage et je me trouvais comme dans une prison. Je ne comprenais pas ce qu'il m'arrivait.

J'ai fait la connaissance de Fabienne et de Françoise le 5 septembre 2013, date à laquelle je suis allé faire une séance dans leur atelier. J'ai expliqué ma lassitude. Elles m'ont dit qu'il était possible de faire quelque chose et qu'elles pouvaient se déplacer à mon domicile.

Le 11 octobre 2013, Fabienne et Françoise sont venues chez moi. Elles ont ressenti une lourdeur ainsi qu'un air étouffant, cette maison était « polluée ». Après avoir fait le nécessaire, environ quatre heures, un changement était déjà ressenti. Puis, chaque jour qui passait devenait de plus en plus léger, je commençais à revivre.

En novembre de la même année, étant enfin sorti de la prise d'otage de cette maison, j'ai pu et décidé de la vendre. Vente qui a eu lieu sept mois plus tard, car j'avais décidé de changer définitivement de vie et de retrouver la liberté qui m'avait fait défaut pendant toutes ces années.

Aujourd'hui, je suis très heureux. »

Roger

« Depuis des années, il se passait des choses étranges dans ma maison que je ressentais sous forme d'insomnie et d'angoisses au point de vouloir partir. En plus, j'ai un fils et sa famille qui habitent la même maison. Un jour mon petit-fils ne voulait plus dormir dans sa chambre, il disait toujours voir une dame en noir près de la porte de sa chambre. Ce petit garçon ne pouvait pas inventer une chose pareille.

Quand j'ai entendu parler de Fabienne et Françoise, je n'ai pas hésité à les faire venir à la maison. À peine sur le pas de la porte, elles ont ressenti des choses étranges et ont « trouvé » une présence. Après un nettoyage énergétique de mon lieu de vie, tout s'est arrêté.

Quant à moi j'ai fait une séance à leur atelier, ce qui m'a fait beaucoup de bien, je n'ai plus d'angoisses et je me sens bien chez moi.

Si vous avez des problèmes comme les miens, n'hésitez pas à faire appel à Fabienne et Françoise, que je remercie encore du bien-être qu'elles nous ont apporté. »

Edwige

CHEMIN DE VIE : FRANÇOISE

Je me suis toujours sentie seule, différente. Et vu de l'extérieur « un peu sauvage avec de la peine à s'intégrer ». Mais en fait, je n'avais pas envie de m'intégrer, je préférais observer ! Observer les gens, leur fonctionnement, leurs réactions et comparer cela à mes ressentis. J'avoue que j'avais beaucoup de peine à comprendre pourquoi certaines personnes avaient un comportement qui ne collait pas du tout à ce que je captais de leurs émotions. Pourquoi certains prenaient beaucoup de place en s'imposant quand moi je les sentais fragiles ? Pourquoi d'autres se laissaient manipuler sans réagir ? J'ai compris bien plus tard qu'elles ne s'en rendaient simplement pas compte ou n'avaient pas le courage de faire autrement.

J'ai ensuite mis tout ça de côté le temps de sortir de l'adolescence et de m'installer dans la vie. Après cette période, les choses se sont accélérées. La vie s'est chargée de mettre sur mon chemin des événements, des expériences, des questionnements qui demandaient des explications.

Imaginez. Vous buvez tranquillement votre café. Un homme s'installe à la table à côté et quand vous le regardez, ce qui défile dans votre tête, ce sont des images d'un autre temps, une autre ambiance, le décor change complètement. L'homme que vous voyez réellement ne ressemble pas du tout à celui qui est dans votre vision et pourtant vous savez qu'il s'agit de la même personne ! Ou alors vous entendez votre bébé rire en pleine nuit comme si quelqu'un le chatouillait ; pourtant il est seul dans sa chambre ! Mais vous voyez clairement son grand-père, décédé quelques semaines plus tôt, jouer avec lui !

Mon besoin de comprendre était tellement fort ! Il me fallait des éclaircissements sur ce que je voyais et ressentais. J'ai trouvé des réponses au gré de mes rencontres, de certaines lectures et ensuite de cours que j'ai suivis. Cette quête m'a même amenée jusqu'en Inde.

Lors de ces cours, je n'ai pas seulement appris sur ce qui se passait en moi ou à mettre des mots sur ce que je ressentais, mais cela m'a aussi permis de faire de belles rencontres. Et surtout, j'ai découvert que je n'étais pas la seule à être « bizarre ». Quel soulagement !

Au fil des ans, mes capacités se sont affinées. Je ressentais les émotions des autres, les maux physiques et subtils, et je prenais conscience de mon magnétisme. J'avais aussi eu la chance qu'une faiseuse de secrets me transmette ses prières.

Ce n'est que bien des années plus tard que j'ai découvert qu'il y avait des guérisseurs dans ma famille. Ayant perdu ma maman très jeune, je ne connaissais pas l'histoire d'une partie de ma famille. Cette révélation m'a permis de mettre en place une pièce importante du puzzle de ma vie : je suis guérisseuse !

Tout ce parcours de lectures, de cours et de rencontres merveilleuses m'a permis d'étoffer les capacités que j'avais en moi depuis si longtemps. Ces dons que je ne pouvais expliquer jusque-là avec certitude étaient enfin clairs et précis. Il ne me restait plus qu'à les mettre en pratique consciemment afin d'aider ceux qui en ont besoin.

Je ne vous cache pas que j'avais hâte ! Toutes ces capacités ne demandaient qu'à prendre pleinement leur essor. Et pourtant j'avais le trac. Le manque de confiance en moi et en mes ressentis me bloquait complètement.

Je me sentais comme un peintre devant une toile. J'avais l'envie, les pinceaux, la peinture, et je devais simplement mettre de la lumière là où c'était nécessaire... Mais « simplement » était un bien grand mot pour moi !

CHEMIN DE VIE : FABIENNE

D'aussi loin que je m'en souvienne, j'adorais m'asseoir à une table d'adultes pour les écouter. Je me faisais toute discrète et cela me permettait de jouer à mon jeu favori : le « pour de vrai » et le « pour de faux » ! Je comparais la différence entre ce que les gens disaient et ce que je ressentais. Peut-être que tous les enfants sentent quand les adultes mentent ? Bien entendu, il y a mensonges et mensonges ! Le vantard qui enfle la vérité, le timide qui ne dit pas tout, le réservé qui fait parler les autres afin de ne pas se dévoiler... Je pouvais les écouter pendant des heures ! Plus il y avait d'écart entre leurs mots et qui ils étaient vraiment, plus ça m'amusait. Il me plaisait aussi de regarder leur aura varier lorsqu'ils parlaient. Ma pratique de l'époque n'était certainement pas très au point mais réellement instinctive. Ce petit jeu m'a diver-tie pendant longtemps.

À l'âge de 10 ans, un jour où nous étions en visite chez mes grands-parents, je me revois assise avec mon grand-père derrière sa grange. C'était un de ces moments que j'appelle « magiques » car chaque détail se grave dans la mémoire. Les vaches qui broutent tranquillement, le fétu d'herbe que je faisais glisser entre mes doigts, l'odeur rassurante de sueur mêlée à celle du tabac de mon grand-père. Il avait une présence tellement apaisante, une force tranquille. C'est comme si le temps s'écoulait au ralenti mais avec une intensité décuplée. Là, mon grand-père m'a dit : « Je vais te faire un cadeau merveilleux. » À cet âge, je m'attendais à ce qu'il sorte de sa poche une belle surprise avec un beau papier et un joli ruban !

Il a simplement mis mes mains dans les siennes, a fermé les yeux et n'a rien dit pendant un moment que j'ai trouvé très long. Je ne comprenais pas ce qu'il se passait, j'attendais mon cadeau moi ! Il a rouvert les yeux et m'a dit « voilà », et nous avons rejoint le reste de la famille.

Dans la voiture, en rentrant, j'ai raconté que grand-père allait me faire un cadeau. Je ne savais pas que c'était déjà fait !

Les nuits qui ont suivi ont été mouvementées ! Je me souviens avoir fait d'atroces cauchemars. Ma maman avait d'ailleurs dû changer mes draps en pleine nuit, tellement j'avais transpiré. Toutes ces images sont encore très vives dans mon esprit. J'ai vu des corps de personnes que je ne connaissais pas, enchevêtrés dans une carcasse de voiture. Ces gens m'appelaient par mon prénom.

Le lendemain, un terrible accident de la route tuait quatre jeunes de la région. Tout le monde en parlait et mon sang s'est glacé quand j'ai reconnu ces visages en photo dans le journal. Ils sont venus plusieurs nuits de suite m'appeler dans mon sommeil. Cela me terrifiait et je ne savais que faire. Je leur ai demandé de me laisser tranquille et de partir, ce qu'ils ont fait.

Cet événement a été le premier d'une longue série... et je me demandais à quoi cela pouvait bien servir ! Avoir des images si fortes avant un événement et ne pas pouvoir changer le cours des choses.

J'ai compris avec le temps que c'était uniquement pour me montrer que j'avais des capacités de clairvoyance et de clairaudience.

Je n'ai jamais su pourquoi mon grand-père m'avait choisie moi plutôt qu'une autre personne de la famille. Je ne lui ai jamais posé cette question de son vivant et maintenant, quand il vient me voir, la seule réponse qu'il me donne est : « C'est ainsi. » Je profite de ces quelques lignes pour le remercier encore une fois de ce merveilleux cadeau qui m'a permis de développer mes perceptions, et lui fais la promesse de respecter sa sagesse ainsi que ses valeurs.

J'ai continué mon chemin d'ouverture spirituelle de manière individuelle jusqu'au jour où j'ai rencontré Françoise. À partir de ce moment, il a été évident que nous continuerions à deux.

POURQUOI À DEUX

Quand nous étions enfants, nous pensions que tout le monde ressentait, voyait et entendait les mêmes choses que nous. Il nous paraissait normal de voir des couleurs autour des gens, de ressentir leurs maux physiques, le mal-être qu'ils tentaient de cacher. Nous avons grandi et compris que ce n'était pas le cas. Nous savons aujourd'hui que déjà toutes jeunes, nous voyions les auras et percevions les blocages émotionnels et physiques.

Pas toujours facile de se sentir différentes quand on entre dans l'adolescence et qu'on veut surtout être comme tous ceux de notre âge. Nous n'osions pas en parler et on ne vous cachera pas qu'à certains moments, on a pensé que la folie nous gagnait ! L'adolescence et l'apprentissage de la vie en tant que jeune adulte est un passage presque obligé par la matière et il faut le vivre pleinement. C'est la période où l'on désapprend, un peu, de notre modèle parental. Il y a tellement de points sur lesquels on doit faire des choix pour se construire que l'on vit en général un rejet quasi total de tous ces ressentis et ces capacités extrasensorielles. Normal, nos préoccupations sont ailleurs ! Mais, une fois cette période passée, tout revient plus fort et nous ramène encore et toujours sur ce chemin qui est le nôtre.

Ce parcours est aussi celui de beaucoup de jeunes qui se trouvent différents et qui n'ont pas encore toutes les réponses. Si vous êtes parents vous-mêmes, soyez attentifs à ce que vous dit votre enfant. S'il s'exclame que la dame est rose, ne lui répondez pas « Mais non, elle a un tailleur bleu ! » ou ne courez pas chez l'ophtalmologue en pensant qu'il est daltonien ! Jusqu'à l'âge de 7 ans, la capacité de voir les auras se retrouve chez tous les enfants. À force d'entendre que ce qu'ils voient ou sentent est faux, ils vont se taire, fermer cette ouverture et peu à peu se déconnecter de leurs capacités. Plus l'enfant est jeune, plus il est en phase avec tous ces merveilleux outils et les utilise de manière naturelle. Soyez donc attentifs et accueillez ces cadeaux. Votre enfant fera lui-même le choix, le moment venu, d'utiliser ces aptitudes ou non. Si vous avez remarqué ces facultés chez votre enfant, n'oubliez pas qu'elles sont normales. Il ne faut ni les étouffer ni les encenser !

Quand nous nous sommes rencontrées, nous avions déjà, chacune, construit notre famille et nous avancions sur notre chemin d'évolution spirituelle. Nous nous souvenons de ce jour où nos vies se sont croisées, une impression étrange qui était presque dérangeante, impossible de verbaliser ce que nous ressentions l'une envers l'autre. La seule certitude était que quelque chose d'inhabituel se passait dans cette rencontre. Moi, Fabienne, je me souviens très précisément avoir dit à une amie présente : « Cette fille dégage un truc que je ne comprends pas, je ne dis pas que c'est négatif, mais c'est très bizarre le sentiment que cela me laisse. » Une attirance quasi viscérale, qui n'a rien à voir avec celle que l'on peut ressentir envers une personne dont on tombe amoureux. Cette impression était tellement étrange et ne faisait référence à rien de ce que je connaissais.

Les mois ont passé sans que nous nous revoyions jusqu'au jour où, par un concours de circonstances, nous avons été amenées à passer quelques jours ensemble en compagnie d'amis communs. Là, au fil des discussions, nous avons remarqué l'une et l'autre notre intérêt partagé pour le paranormal et l'ésotérisme. Nous avons énormément échangé durant cette semaine, ce qui nous a permis de faire notre premier pas dans cette direction qui allait devenir commune. Certes, nous partagions les prémices d'une belle amitié avec toute la complicité qui la cimente, mais notre relation avait quelque chose qui semblait aller bien au-delà.

Le deuxième événement marquant a eu lieu un jour où nous nous sommes retrouvées chez des amis communs. Dans le courant de l'après-midi, moi, Françoise, je souffrais tant mon plexus solaire était contracté. Fabienne m'a alors proposé de m'étendre sur une chaise longue et de me masser la zone douloureuse. Là, quelque chose d'incroyable s'est produit : des images de vies antérieures en Inde défilaient dans ma tête. je me voyais jeune fille qu'un homme voulait tuer et ma mère tentait de me protéger à tout prix. Quand j'ai rouvert les yeux, bouleversée de ce que je venais de vivre, je n'ai pu que remarquer Fabienne qui semblait, elle aussi, extrêmement touchée. Nous nous sommes isolées un instant, histoire de comprendre ensemble ce qui venait de se passer. Fabienne avait eu les mêmes images, les mêmes ressentis que moi ! Incroyable ! Nous avions partagé une relation mère et fille dans une autre vie. Cette fabuleuse révélation nous a permis de commencer à comprendre l'attachement que nous avons l'une envers l'autre.

Par la suite, lors de séances en régression dans nos vies antérieures chez des confrères thérapeutes, chacune de notre côté, nous constations que l'autre était quasiment toujours présente. Ces séances n'avaient pas pour but de faire ces recherches mais presque chaque fois elles s'orientaient spontanément sur ce sujet. Petit à petit, nous rassemblions des pièces du puzzle de nos nombreuses vies passées. Cela nous a permis de mettre peu à peu en lumière les raisons de ce lien pour le moins atypique. Encore à l'heure actuelle, il arrive à nos guides de nous montrer, dans le cas où cela est nécessaire pour la suite, des situations où nous étions ensemble pour œuvrer. C'est assez déroutant de se connaître depuis tant de vies, d'avoir expérimenté tellement de rôles ensemble. Le résultat qui en découle est une compréhension mutuelle qui va au-delà de l'entendement.

Nous avons continué à échanger jour après jour, et cela pendant plus de dix ans, nos ressentis et expériences quotidiennes. Nous nous mettions au défi sur des situations, des lieux, etc. La vie, les circonstances nous servaient d'apprentissage, de terrain de jeu où nous avons beaucoup appris et où nous apprenons toujours.

Au fil du temps, nous avons compris que nous allions, ou plutôt, que nous devions unir nos capacités afin d'exercer en binôme, comme nous l'avons déjà fait dans de nombreuses vies. Ce choix de travailler à deux n'en est en fait pas un ! Le moment venu, cela est devenu une évidence, quasi une obligation. Nous avons été poussées, téléguidées vers cet accomplissement. Cette décision n'est pas le fruit d'une longue réflexion, mais plutôt le résultat heureux d'une suite d'événements. Les choses se sont mises en place en douceur et en harmonie.

Le 8 octobre 2008, nous avons ouvert les portes de notre petit « Atelier Shanti » avec le sentiment qu'une grande aventure commençait ! (Shanti veut dire « paix » en sanscrit.) Beaucoup d'inconnues se présentaient à nous :

- Comment gérer une séance à proprement parler ?
- Combien de temps doit-elle durer ?
- Doit-on imposer un tarif ?
- Etc.

Le seul moyen que nous avions pour obtenir les réponses à nos nombreuses questions était de nous lancer. Pour cela, il nous fallait trouver des individus prêts à faire office de cobaye. Nous ne voulions pas des personnes que nous connaissions afin de ne pas avoir l'affectif qui entre en ligne de compte. Nous avons donc commencé à exercer sur des amis de nos amis.

Nous n'oublierons pas ces séances où il a fallu pour les premières fois s'abandonner en toute confiance à nos ressentis en laissant venir les informations et en les acceptant telles quelles sans les analyser. L'exercice n'était pas très évident, car l'envie d'obtenir à tout prix un ou des résultats fait dévier et permet au mental de prendre le dessus.

Bien que notre manière de travailler ait évolué avec le temps, notre trame de base est restée la même. À la suite de ces premières expériences, les demandes de soins ont augmenté de manière exponentielle. Notre agenda se remplissait par paliers, comme si nous devions apprendre à gérer correctement chaque étape pour en mériter une autre.

À cette époque, nous avions toutes deux une activité professionnelle autre, nous prenions même des personnes en soirée et le samedi pour ne pas empiéter sur nos horaires de travail. Les journées étaient longues et il est très vite apparu que si nous voulions donner des soins de qualité, des choix déterminants devaient être faits rapidement.

Ayant la chance d'être déjà indépendantes dans nos activités respectives, nous avons pu libérer peu à peu toujours plus de temps pour notre Atelier Shanti. Cela a pris plusieurs mois pour que cette organisation se mette en place de manière harmonieuse.

Nos familles ont fait beaucoup de concessions pour que notre projet puisse être mené à bien. Comme notre petit atelier se trouvait au domicile de l'une d'entre nous, les enfants ne devaient faire aucun bruit pendant les séances et comprendre que, une fois la porte du cabinet fermée, maman n'était plus disponible pour eux.

L'Atelier Shanti grandit avec nous à chaque étape, nous en prenons soin en ne perdant pas de vue notre étique et nos valeurs qui sont : la reconnaissance de ce qui nous est offert et l'amour de l'humain.

Nous avons donné notre première conférence en 2011 au salon des thérapies naturelles et de l'épanouissement personnel San Nat Expo à Genève. Là aussi, les événements se sont mis en place de manière assez surprenante. Sans savoir au-devant de quoi nous allions, nous nous sommes préparées en remplissant des pages et des pages de textes sur la différence entre les secrets et les dons. Comme nous avions cinquante minutes à disposition, nous devions apprendre à faire un condensé sans oublier les points importants. Cet exercice nous a empêchées de dormir durant quelques nuits. Peur d'être trop brèves, ou au contraire, de trop nous disperser ! Être conférencier est vraiment un métier que nous n'avions jamais exercé !

Cet échange fut un moment magique, les personnes présentes étaient intéressées et posaient beaucoup de questions. Une osmose d'énergie a rempli toute la salle et personne n'avait apparemment envie que cela s'arrête. L'hôtesse du salon est venue nous proposer une première fois de prolonger la conférence, puis nous a finalement mis une autre salle à disposition pour que nous puissions terminer tranquillement. Un moment de partage intense et enrichissant avec la sensation d'être là où il fallait et d'y faire ce qu'il fallait. Ce qui était un vrai baptême du feu au départ est resté un merveilleux souvenir pour nous à l'arrivée.

Nous étions désireuses de pouvoir aider toujours plus de personnes en questionnement, et les conférences se sont enchaînées ; chaque fois, c'est un plaisir de partager ces moments avec des gens de tous horizons.

Des rencontres déterminantes se sont suivies depuis le jour de notre première conférence, en particulier celle avec Magali Jenny, auteur du *Nouveau guide des guérisseurs de Suisse romande*, paru aux Éditions Favre et ethnologue passionnée par les médecines traditionnelles. Elle a eu la gentillesse de venir nous trouver afin d'écrire un profil sur nous et notre méthode de travail. Magali a su mettre en lumière avec ses mots à elle notre lien particulier. Voici ce qu'elle a écrit :

> « J'avoue avoir été très intriguée quand j'ai appris que Françoise Clerc et Fabienne Derivaz prodiguaient toujours leurs soins à deux, même les secrets. Curieuse, j'ai voulu en savoir plus sur cette technique en binôme et c'est ainsi que je suis arrivée, par un beau matin ensoleillé, dans le cabinet de ces jeunes guérisseuses.
>
> Physiquement, elles ne se ressemblent pas beaucoup, même s'il y a un je-ne-sais-quoi de familier entre elles. Elles n'ont, pourtant, aucun lien de parenté, si ce n'est celui de l'âme et du cœur. Plus que des sœurs, elles ont des esprits jumeaux, à tel point qu'il n'est pas rare que l'une finisse la phrase de l'autre et vice versa. C'est au-delà de la simple complicité amicale ou même de la parenté. »

Nous ne vous cacherons pas que ce joli témoignage a passablement propulsé notre travail et permis de nous faire connaître un peu plus.

Au fil des mois, notre petit Atelier Shanti devenait trop étroit pour pouvoir apporter d'autres choses aux personnes qui nous sollicitaient. La quête d'un nouveau lieu était lancée ! Notre première visite fut la découverte d'un bel espace dans une maison villageoise duquel nous sommes tout de suite tombées amoureuses. Tout avait l'air de bien se mettre en place tant dans les mètres carrés, le loyer et la date de disponibilité ; il n'y avait plus qu'à signer le bail. Nous attendions avec impatience le téléphone de l'agence qui devait nous donner le feu vert, quand tout s'enraya. Le propriétaire voulait faire de gros travaux dans un avenir proche et ne voulait plus le louer. Nous étions dépitées ! Pourquoi tout avait si bien marché jusque-là et la dernière étape à franchir nous était retirée ? On avait le sentiment de tomber en panne d'essence juste à deux kilomètres de la station-service ! En fait, nos perceptions étaient justes quant au fait que nous devions déménager afin de développer nos activités. Ce premier local qui nous a été montré était parfait mais visiblement nous n'étions pas encore prêtes ou notre futur lieu de guérison lui ne l'était pas non plus.

Sachant comment les choses fonctionnent, nous avons, une fois encore, fait confiance en gardant nos yeux et oreilles grands ouverts. Notre patience fut mise à l'épreuve durant une année, aucune magie n'opérait dans ce que l'on nous proposait comme locaux ; jusqu'au jour où nous avons reçu une information claire de nos guides, que nous devions nous rendre dans une rue de notre petite ville de Monthey. Face à une très vieille maison en rénovation qui dégageait une énergie paisible et positive, nous nous sommes mises à rêver. Enfin la magie tant attendue opérait ! Après quelques recherches pour connaître qui en était le propriétaire, nous avons rencontré une personne sympathique qui cherchait justement de futurs locataires une fois les travaux terminés. La décision de louer ce local fut prise en moins de temps qu'il n'en faut pour le dire. Ce lieu, qui pourtant en apparence n'avait encore rien d'attirant, nous aimantait littéralement.

Nous voulions comprendre pourquoi cet endroit résonnait si fort en nous. Un ami géobiologue confirma nos ressentis. Il s'avère que cette maison est construite sur un ancien site sacré de guérison celtique qui a un taux vibratoire extraordinaire. On nous a guidées jusque-là pour que ce lieu retrouve sa fonction première qui est la guérison.

Cet endroit nous a permis d'affiner plus encore nos perceptions extrasensorielles. Le voile se soulève davantage et de manière rapide. Toutes ces nouvelles données et informations sont riches de sens et nous permettent d'avancer de manière étonnante. Nous avons la certitude qu'un nouveau palier important dans notre évolution a été franchi.

Reconnaissantes envers ce nouveau cadeau qui nous est accordé, nous espérons en être digne et le respectons tous les jours.

LA COMPLÉMENTARITÉ EN SÉANCE

Cette manière de travailler à deux nous est propre. Pour nous, c'est un réel avantage de travailler ainsi : l'autre permet d'équilibrer et de nuancer pour empêcher le mental et l'ego de prendre le dessus ; elle sert ainsi de garde-fou. Si nous n'avons pas d'informations allant dans le même sens, on peut alors se demander si nous sommes dans le juste.

Avant un soin, nous nous centrons, agrandissons notre aura et faisons appel aux énergies supérieures, à la lumière. À vous de lui donner le nom que vous voulez selon vos croyances. Cela n'a pas de réelle importance. Chacun trouve ce qui lui correspond le plus, ce qui est le plus en accord avec son cœur. Nous nous mettons à leur disposition, puis nous nous branchons l'une à l'autre ainsi qu'à la personne en demande. Là, les premières informations arrivent. Nous ne décidons pas par quel biais elles vont se présenter à nous, cela se fait naturellement. Chacune va les recevoir par un «canal» différent. Nous mettons ensuite bout à bout ces petites pièces de puzzle en toute complémentarité.

Nous travaillons de manière différente mais concordante, ce qui nous permet d'œuvrer de façon plus puissante dans les soins. Deux personnes, deux sensibilités qui utilisent un chemin parallèle et connecté, pour arriver au même but. Nous travaillons donc toujours ensemble car, de cette manière, nous pouvons cumuler les informations et atteindre rapidement notre objectif.

Chacune de nous va utiliser les outils qu'on lui donne pour la séance, et le travail se fait en harmonie à deux, puis à trois car la personne présente est embarquée avec nous dans le processus.

Notre complémentarité est telle que nous aimons dire que «quand l'une a le son, l'autre a l'image». Ce qui veut dire que quand l'une reçoit des informations par la clairaudience, l'autre les reçoit par la clairvoyance ou le clair-ressenti.

Par exemple, lors d'une rencontre avec une femme, l'une de nous a senti une douleur similaire à un coup de poignard dans l'utérus. Cette douleur était si vive qu'elle était pliée en deux. Pendant ce temps, l'autre recevait sans cesse l'image d'un fœtus. Par un chemin totalement différent et en mettant ensemble nos informations, nous sommes arrivées à la même conclusion. Il s'est avéré qu'effectivement cette personne avait subi une interruption volontaire de grossesse et n'avait pas réussi à faire le deuil de ce bébé.

Après la séance, des personnes nous disent avoir ressenti des sensations étranges dans le corps (picotements, lourdeurs, impression d'apesanteur et même de baigner dans de magnifiques couleurs). Quand l'énergie se remet à circuler, certains ont même des douleurs dans certains membres, comme si l'énergie qui tente de se frayer un passage poussait le blocage sans relâche jusqu'à ce qu'il soit libéré. Une fois ce bouchon évacué, le bien-être et l'harmonie peuvent reprendre leur état d'origine. Chacun réagit de manière différente et aucune séance ne ressemble à une autre. Il est donc extrêmement enrichissant et varié de travailler de cette façon.

Si les patients désirent continuer et revenir en séances afin de travailler sur d'autres choses, nous appliquons juste une règle importante qui est de toujours laisser un minimum de six semaines entre deux rendez-vous. Il faut que l'intégration puisse se faire tranquillement. Nous avons observé que durant ce laps de temps, notre travail continu à œuvrer et que ce temps d'intégration est plus que nécessaire. Certains nous disent avoir eu des larmes, de grandes colères qui devaient sortir ou des rires inexpliqués durant cette période.

Rien n'est statique ni établi de manière définitive dans notre travail. Les demandes de soins ont passablement changé, ce qui confirme que, plus nous évoluons toutes les deux, plus on nous «envoie» des problématiques complexes. Avec la conscience du monde spirituel, il nous est impossible de tricher ni envers nous-mêmes, ni envers les autres, le moindre pas de travers est très vite remis à l'ordre ! Le monde spirituel gère d'ailleurs aussi très bien notre agenda. Quand l'une d'entre nous doit faire face à une épreuve personnelle, comme par miracle nos rendez-vous se déplacent afin de nous laisser le temps de gérer notre problème. Dès que les choses sont rentrées dans l'ordre, tout repart de plus belle. La preuve, une fois de plus, que le monde spirituel gère tout cela mieux que nous et que nous sommes simplement à son service. Sa bienveillance ainsi que son amour nous accompagnent et guident nos mains au quotidien. Travailler avec ce cumul d'énergie est absolument fabuleux et enrichissant tant pour la personne en soin que pour nous.

CE LIEN QUI DÉRANGE

Malheureusement, nous remarquons qu'il y a un revers à la médaille dans cette relation. Est-ce le travail que nous exerçons ou le lien qui nous lie, voire même les deux ? À plusieurs reprises, nous avons constaté que cela pouvait déranger certaines personnes qui ne savent pas trop dans quelle case nous mettre. Nous dégagerions un je-ne-sais-quoi d'inexplicable.

Nous avons des vies de famille et sociales bien différentes et ne prônons pas notre relation comme exclusive mais ce lien nous rattrape. On nous demande d'ailleurs souvent si nous sommes sœurs. Bien que physiquement rien ne nous rapproche, nous ressentons ce moment de flou quand nous leur répondons que non. Il y a même une fois où l'on nous a dit : « Vous en êtes sûres ? » Ça a eu pour conséquence de bien nous faire rire.

Même si nous n'avons pas encore pu tout expliquer et eu toutes les réponses sur notre binôme, nous savourons la chance que nous avons de vivre ce lien particulier.

Pour nous aussi il est souvent déconcertant de vivre cette connexion au quotidien, étrange d'être soi tout en étant l'autre. Même quand nous sommes séparées par des milliers de kilomètres, nous sommes ensemble.

Un jour, raconte Fabienne, chez moi en Suisse, je préparais le repas de midi pour ma famille. Sans raison et surprise moi-même, j'ai ressenti une émotion positive d'une intensité incroyable m'envahir, j'étais submergée et n'arrivais plus à retenir mes larmes. Je sentais que j'étais connectée à Françoise qui se trouvait à l'autre bout du monde. J'ai donc pris mon téléphone pour lui envoyer un message lui demandant ce qui se passait. Elle venait d'assister à une cérémonie religieuse donnée dans un temple au Laos. Son voyage l'avait amenée par « hasard » sur ce site religieux où elle a vécu ce moment avec beaucoup d'émotions. Instant magique qu'il nous a été donné de vivre ensemble.

ATELIERS ET STAGES

Conscientes que beaucoup de personnes sont à la recherche de cours dans le but de développer leurs capacités extrasensorielles, nous avons rapidement mis sur pied de petits ateliers en soirée. En petits groupes, nous travaillons sur divers thèmes comme le magnétisme, les auras, la clairvoyance, etc. Ces soirées de pratique sont ouvertes à tous et il n'est pas nécessaire d'avoir de prédispositions spéciales pour y participer. Nous avons tous tellement à apprendre les uns des autres. Certains sont extrêmement surpris des capacités qu'ils possèdent sans le savoir. Nous les aidons juste à mettre en lumière ce qui est enfoui au plus profond d'eux-mêmes.

Environ une fois par mois, nous organisons des stages d'un ou deux jours dans des domaines différents. Nos sujets de prédilection sont les secrets, les dons, le magnétisme. Nous avons le plaisir de conduire nous-mêmes ces séminaires. Mais, ayant aussi envie de nous ouvrir à d'autres spécialités et à des approches différentes de l'ésotérisme, nous invitons des intervenants spécialisés à venir parler de sujets comme les élémentaux, la tarologie, la communication animale, la géobiologie, etc. Le contenu de ces stages étant très dense et afin que chacun puisse travailler de manière intensive et suivie, nous préférons former de petits groupes.

Ces moments de partages sont toujours d'une extrême richesse, le mélange des participants étant tellement varié. Nous pouvons y trouver d'autres guérisseurs venus découvrir un nouveau domaine mais aussi des personnes qui viennent juste de lever le voile sur ces nouvelles perspectives de réalisation de soi.

Voici ce qu'en a dit une nouvelle participante :

« Avant d'aller à la première rencontre, je me posais beaucoup de questions personnelles toujours par rapport aux autres et à ma vie. Cela m'amenait à des angoisses récurrentes comme des réveils nocturnes avec des pensées négatives.

J'apprends à ces cours à me relaxer, à me mettre dans ma bulle intérieure, et à lâcher prise, ce qui m'apporte un sentiment d'amour et de douceur en me faisant prendre conscience que je m'étais oubliée et que j'absorbais les problèmes des autres comme une éponge. Dès lors, je mets les priorités de mes ressentis et de ma vie de tous les jours au bon endroit, ce qui me permet de trouver le positif de tout ce qui m'entoure et qui n'est pas forcément visible.

Je me sens apaisée et constate que j'ai tout en moi pour me sentir bien »

Juliette

LES CÔTÉS NÉGATIFS DE CE MÉTIER

- **Piédestal**

En exerçant ce travail, nous avons remarqué que souvent les gens nous louent des pouvoirs incroyables et nous mettent dans une position d'élues qui détiennent toutes les clefs de la connaissance ! Cela modifie considérablement leur comportement à notre égard. Ce rôle de gourou, entouré de sa cour, est absolument nocif. Nous sommes juste humaines, avec nos qualités et nos défauts, nous ne demandons à personne de penser ni d'agir comme nous. Qui serions-nous pour prétendre cela ?

- **Perte d'un malade**

Il est absolument frustrant de perdre une personne que l'on a suivie durant un temps plus ou moins long. Quand nous avons mis tout notre cœur et travaillé d'arrache-pied à sa guérison et que cela n'a malheureusement pas suffi, c'est un sentiment d'échec qu'il faut très vite apprendre à gérer et surmonter. Malgré la meilleure volonté du monde, nous ne sommes pas Dieu et ne décidons pas de qui vivra ou non (heureusement que nous n'avons pas cette responsabilité d'ailleurs !).

- **Refus d'agir**

Parfois, nous sommes dans l'obligation de refuser une personne. Certaines requêtes, comme en cas de rupture ; faire revenir l'être aimé n'est pas de notre ressort. Nous n'avons pas, selon notre éthique personnelle, à influencer la destinée et les décisions des gens. Le refus est aussi impératif lorsqu'une personne fait un transfert et que les rapports sont faussés.

- **Agression verbale**

Il nous arrive malheureusement d'être agressées au téléphone, par des gens qui ne peuvent absolument pas entendre ni comprendre qu'ils ne sont pas seuls à souffrir. Notre agenda n'est pas extensible de manière illimitée, notre téléphone est souvent occupé et il arrive que nous devions dormir nous aussi !

- **Harcèlement**

Nous n'avons pas de microscope à la place des yeux, pas de scanner à la place des doigts, juste des ressentis qui ne nous permettent cependant pas de poser de diagnostic. Certaines personnes imaginent que l'on travaille comme le ferait un médecin. Quand nous leur expliquons qu'il n'est pas dans nos compétences d'établir un diagnostic, de suite, elles pensent que l'on sait, mais que l'on ne veut rien leur dire ! Ce harcèlement causé par la peur du patient doit être très vite désamorcé.

LES CÔTÉS POSITIFS DE CE MÉTIER

- **Les secrets**

Pouvoir à distance aider et soulager rapidement une souffrance. Cela reste toujours incroyable : une personne que vous ne connaissez pas vous appelle, un lien de quelques minutes se crée au téléphone, et vous envoyez en retour une prière et de l'amour. La boucle est bouclée dans un échange de demande et d'aide en toute simplicité.

- **Les dons**

Vivre tous les jours avec la possibilité de faire appel à la bienveillance de nos guides, de nos anges gardiens, du monde spirituel, des élémentaux, de la force supérieure afin que tous ensemble nous puissions œuvrer vers un seul et même but qui est celui de l'équilibre du corps, de l'esprit et de l'âme des personnes qui nous sollicitent est une grande richesse.

- **Accompagnement**

Aider une personne à rejoindre le monde spirituel au moment de sa fin terrestre est une phase de la vie qui peut se faire en douceur et en confiance. La tristesse de la perte de ce corps physique mise à part, ce moment de passage vers l'autre monde nous offre, à nous qui avons la chance de le voir, un magnifique message d'espoir de vie après la vie.

- **Rencontre**

Nous avons tous à apprendre les uns des autres, de nos difficultés, de nos bonheurs. Ce partage et la confiance que nous accordent les gens que l'on côtoie dans ce métier sont riches d'enseignements pour tous. Voir quelqu'un s'épanouir et avancer est une chose merveilleuse à vivre, un vrai cadeau !

- **Évolution personnelle**

En pratiquant et en baignant tous les jours dans cette énergie, nous sommes boostées et avançons très vite sur notre chemin personnel.

EXERCICES

EXERCICES DE DÉCOUVERTE DE L'ÉNERGIE

Caramel

Mettez vos deux mains ouvertes l'une contre l'autre.

Écartez-les lentement d'une vingtaine de centimètres.

Rapprochez-les à nouveau jusqu'à se qu'elles se touchent.

Éloignez-les encore d'une vingtaine de centimètres.

Rapprochez-les. Faites-le encore et encore, en prenant votre temps.

Portez votre attention à ce qu'il se passe entre vos mains quand elles se rapprochent ou s'éloignent.

Au bout d'un moment vous allez sentir, quand elles se rapprochent, comme une petite résistance. Au début à un ou deux centimètres avant que vos mains ne se touchent ; ne forcez pas, arrêtez-vous là où vous sentez cette résistance.

Travaillez cette résistance entre vos mains et vous verrez qu'elle s'agrandit au fur et à mesure de l'exercice.

La sensation que vous pouvez ressentir en pratiquant ces mouvements est d'avoir une sorte de caramel mou entre les mains, que vous pouvez étirer, pétrir, malaxer à votre convenance.

Vous pouvez sentir de la chaleur, des picotements ou autres dans la paume de vos mains. Soyez attentif à tous symptômes.

Ce que vous testez en ce moment est votre propre énergie.

Ping-pong

Maintenant que savez « malaxer le caramel » nous allons jouer au « ping-pong » !

Mettez vos deux mains ouvertes l'une sur l'autre, paume contre paume. Peu importe si c'est la droite ou la gauche qui est dessous.

Pratiquez de la même manière que pour le premier exercice.

Quand vous ressentez bien le caramel, laissez-le sur la main du dessous.

Mettez l'autre main à côté à une trentaine de centimètres.

Vous allez déverser ce caramel d'une main à l'autre et ainsi de suite.

Au début accompagnez-le et ensuite faites-le de manière plus fluide, un peu à la façon du ping-pong.

Il va prendre la forme d'une boule qui va passer d'une main à l'autre.

Ping-pong à deux

L'exercice du ping-pong peut très bien se pratiquer à deux.

Placez-vous l'un en face de l'autre.

L'un d'entre vous forme une boule de lumière dans ses mains et l'envoie à l'autre.

Ainsi de suite.

Voilà une nouvelle version du ping-pong !

Champ vital 1

Vous sentez différentes sensations dans vos mains en palpant votre propre énergie.

Servez-vous de ces références pour ressentir votre champ éthérique.

Passez vos mains de soixante centimètres à dix centimètres de votre corps. Cherchez une couche de votre champ vital.

Soyez attentif aux changements de densité. Humecter votre main peut vous aider.

Champ vital 2

De la même manière, vous pouvez tester le champ vital d'une autre personne.

Chakras 1

En passant une main en face de vos chakras, vous pouvez discerner leur rayonnement.

Entrez dans leurs radiations, retirez votre main, repalpez, etc.

Là aussi soyez attentifs aux changements de densité.

Chakras 2

De la même manière vous pouvez tester les chakras d'une autre personne.

TESTS DE MAGNÉTISME

Tomates

Prenez deux tomates fermes et de la même taille.

Remplissez d'eau du robinet deux verres plus larges que les tomates.

Magnétisez l'eau d'un des deux verres pendant dix minutes : pour ce faire, placez vos paumes de part et d'autre du verre sans le toucher, et envoyez de l'énergie. C'est par l'intention que le processus s'enclenche. Avant de commencer vous pouvez frotter vos mains l'une contre l'autre ou pratiquer l'exercice du caramel.

Laissez tremper les tomates pendant vingt-quatre heures dans les verres.

Sortez-les des verres et placez-les sur deux assiettes.

Patientez... et notez les changements au fil des jours :

La tomate qui a été plongée dans l'eau non magnétisée pourrit, devient molle et puante, puis finit par s'affaisser complètement.

La tomate qui a été plongée dans l'eau magnétisée fripe mais reste ferme, inodore et conserve du volume. Elle séchera lentement, sans moisir ni pourrir.

Fruits

Prenez deux mandarines ou autres fruits de la même taille.

Placez-les sur deux assiettes.

Magnétisez deux fois par jour une seule mandarine pendant dix minutes.

L'autre servira de témoin.

Combien de jours vous faut-il pour sécher le fruit ?

Eau

Remplissez deux verres d'eau du robinet.

Magnétisez deux fois par jour un seul verre pendant dix minutes.

L'autre servira de témoin.

Goûtez l'eau après une semaine... (on ne vous dit pas quel goût elle aura, pour ne pas vous influencer).

Viande

Achetez deux tranches de viande issues du même morceau pour que leur état de conservation soit comparable.

Placez-les sur deux assiettes.

Magnétisez deux fois par jour une seule tranche, cinq minutes d'un côté puis cinq minutes de l'autre. L'autre servira de témoin. Retournez-la aussi.

Le tout doit être conservé entre 19 et 25 degrés à l'air libre.

Si vous parvenez à sécher la viande avant qu'elle ne sente mauvais, vous avez le potentiel suffisant pour soigner.

Essayez d'obtenir le même résultat en réduisant les minutes d'imposition.

Évitez cet exercice pendant les grandes chaleurs de l'été.

REMERCIEMENTS

À nos familles respectives pour leur patience lors de l'écriture de cet ouvrage,

à toutes les personnes qui nous ont accordé leur confiance en nous livrant leur témoignage,

aux médecins qui nous ont consacré du temps,

à Céline pour son travail de correction, ses conseils avisés et surtout sa disponibilité,

à GuéGuèl à qui nous avions dit qu'il avait le temps pour faire les dessins,

à Magali Jenny pour son enthousiasme quand nous lui avons demandé d'écrire la préface

et à tous ceux qui nous ont inspirées...

ÉGALEMENT DISPONIBLES AUPRÈS DES ÉDITIONS FAVRE

www.editionsfavre.com

LE NOUVEAU GUIDE DES GUÉRISSEURS DE SUISSE ROMANDE

Portraits et témoignages inédits - Ce qui a changé depuis le best-seller de 2008

Magali Jenny

15 x 23.5 cm
264 pages

Six ans après le best-seller qui a porté le débat sur la place publique, Magali Jenny fait le point sur la situation actuelle des guérisseurs. Les rapports avec les médecins se sont-ils améliorés ? Ces pratiques sont-elles mieux considérées par les différents acteurs sociaux ? Le quotidien des guérisseurs a-t-il changé ? Des témoignages troublants viennent étayer ce nouveau tome, ainsi que 30 nouveaux portraits de guérisseurs et un répertoire entièrement actualisé de 230 adresses.

MÉDIUMS, D'UN MONDE À L'AUTRE
Alain Maillard, Denise Gilliand

15 x 23.5 cm
192 pages

Selon une vaste enquête menée dans une quinzaine de pays européens, environ un quart des personnes interrogées ont déjà eu l'impression d'être réellement en contact avec une personne décédée ! Grâce aux témoignages qu'il contient, ce guide nous explique la médiumnité et nous permet d'être témoins d'expériences fascinantes afin de nous en faire une idée sans préjugés. Avec une liste d'adresses recommandées. Un livre et un film. Pour en savoir plus : www.mediums-lefilm.com

LE MAGNÉTISME
Une force de soin disponible et accessible à tous
Dr Marianne Dencausse

15 x 23.5 cm
160 pages

Ce livre permet de se familiariser avec une potentialité de soin que chaque être humain possède. Certaines personnes sont dotées d'un réel don, plus efficace. Mais à notre façon, nous pouvons tous soulager les maux de nos proches. L'histoire du magnétisme et de nombreux exemples l'expliquent.

CHAMANS, GUÉRISSEURS, MÉDIUMS
Au-delà de la science, le pouvoir de guérison
Jean-Dominique Michel

15 x 23.5 cm
272 pages

Près de 80% des personnes recourent aujourd'hui à d'autres thérapies que la médecine scientifique : acupuncteurs, homéopathes, chamans, médiums ou guérisseurs, par exemple. Spécialiste en anthropologie médicale, l'auteur a lui-même connu une guérison inexplicable suite à sa rencontre avec un guérisseur philippin, qui l'a ensuite formé. Un voyage fascinant à travers la santé et la maladie et le besoin fondamental de l'être humain de donner un sens à ce qui lui arrive, pour se reconnecter à une dimension plus profonde. Cette dimension existentielle, ou spirituelle, constitue sans doute, au-delà des techniques employées, le cœur du chemin de la guérison.

Dépôt légal : mars 2015
IMPRIMÉ EN FRANCE

Achevé d'imprimer le 11 mars 2015
sur les presses de l'imprimerie « La Source d'Or »
63039 Clermont-Ferrand
Imprimeur n° 17713

PEFC/10-31-2008

Dans le cadre de sa politique de développement durable,
La Source d'Or a été référencée
IMPRIM'VERT® par son organisme consulaire de tutelle.
Cet ouvrage est imprimé - pour l'intérieur -
sur papier bouffant « Pamo Sky » 80 g, main de 2
provenant de la gestion durable des forêts,
des papeteries Arctic Paper,
répondant à la certification « ECF » (Elementary Chlorine Free).